Carnaval no trem,
Rio de Janeiro-RJ (1985).
Foto de Walter Firmo.

Desfile do bloco afro Ilê Aiyê, Salvador-BA (s/d).
Foto de Januário Garcia.

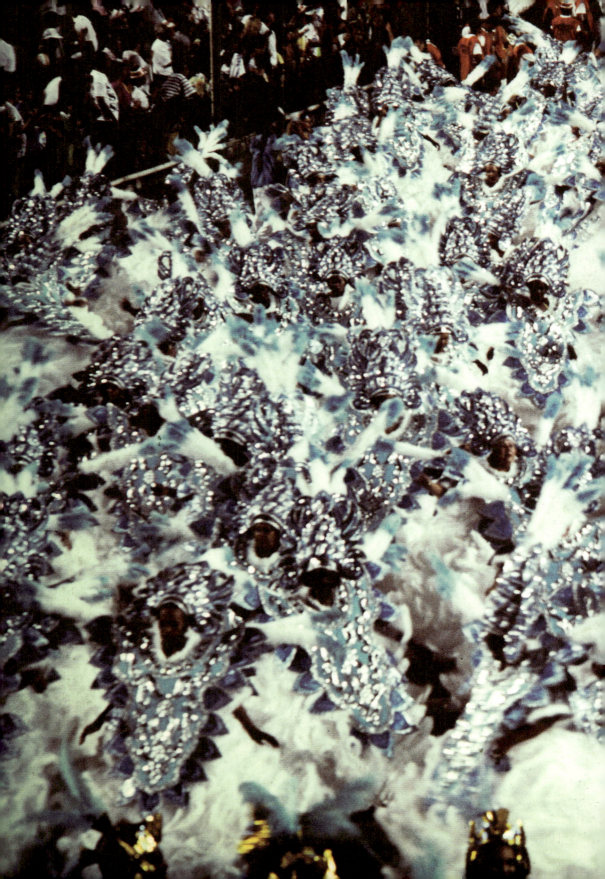

Desfile das escolas de samba, Rio de Janeiro-RJ (s/d).
Foto de Januário Garcia.

Desfile das escolas de samba, Rio de Janeiro-RJ (s/d).
Foto de Januário Garcia.

LÉLIA GONZALEZ

PRÓLOGO
Leci Brandão

PREFÁCIO
Raquel Barreto

POSFÁCIO
Leda Maria Martins

FESTAS POPULARES NO BRASIL

© Boitempo, 2024
© Lélia Gonzalez, 1987, 2024

Direção-geral Ivana Jinkings
Edição Artur Renzo e Thais Rimkus
Coordenação de produção Livia Campos
Assistência editorial Marcela Sayuri
Assistência de produção Livia Viganó
Pesquisa complementar de imagens e bibliografia Vinicius Mendes
Preparação Paula Marconi de Lima
Revisão Frank de Oliveira
Design Casa Rex (capa sobre foto de Januário Garcia)
Tratamento de imagens Antonio Kehl
Fotografias Januário Garcia, Marcel Gautherot, Maureen Basilliat, Walter Firmo (Acervo Instituto Moreira Salles); Carlos Eduardo de Morais; Leila Jinkings
Equipe de apoio Ana Slade, Davi Oliveira, Elaine Ramos, Frederico Indiani, Higor Alves, Isabella de Oliveira, Isabella Meucci, Ivam Oliveira, Kim Doria, Letícia Akutsu, Luciana Capelli, Marina Valeriano, Mateus Rodrigues, Maurício Barbosa, Pedro Davoglio, Raí Alves, Renata Carnajal, Tulio Candiotto

CIP-BRASIL. CATALOGAÇÃO NA PUBLICAÇÃO
SINDICATO NACIONAL DOS EDITORES DE LIVROS, RJ

G652f

    Gonzalez, Lélia
    Festas populares no Brasil / Lélia Gonzalez ; prefácio Raquel Barreto ; prólogo Leci Brandão ; posfácio Leda Maria Martins. - 1. ed. - São Paulo : Boitempo, 2024.
    24 cm.

    ISBN 978-65-5717-371-8 (capa dura)
    ISBN 978-65-5717-372-5 (brochura)

    1. Festas folclóricas - Brasil . 2. Brasil - Usos e costumes. I. Barreto, Raquel. II. Brandão, Leci. III. Martins, Leda Maria. IV. Título.

24-92004
    CDD: 398.0981
    CDU: 398.33(81)

Meri Gleice Rodrigues de Souza - Bibliotecária - CRB-7/6439

Esta edição contou com o apoio do Instituto Memorial Lélia Gonzalez (viabilizado pelo Instituto Ibirapitanga) e do Instituto Moreira Salles.
É vedada a reprodução de qualquer parte deste livro sem a expressa autorização da editora.

1ª edição: junho de 2024

Jinkings Editores Associados Ltda.
Rua Pereira Leite, 373
05442-000 São Paulo SP
Tel.: (11) 3875-7250 | 3875-7285
editor@boitempoeditorial.com.br
boitempoeditorial.com.br | blogdaboitempo.com.br
facebook.com/boitempo | twitter.com/editoraboitempo
youtube.com/tvboitempo | instagram.com/boitempo

Lélia Gonzalez,
Rio de Janeiro-RJ (s/d).
Foto de Januário Garcia

Desfile das escolas de samba, Rio de Janeiro-RJ (s/d).
Foto de Januário Garcia.

15 NOTA DA EDIÇÃO

19 PRÓLOGO
Leci Brandão

PREFÁCIO
23 PENSAR O BRASIL COM SUAS FESTAS
O QUE LÉLIA NOS ENSINA
Raquel Barreto

FESTAS POPULARES NO BRASIL

45 INTRODUÇÃO

49 CARNAVAL

55 QUARESMA

73 FESTAS JUNINAS

77 BUMBA MEU BOI

83 CAVALHADAS

99 FESTAS AFRO-BRASILEIRAS

119 FESTAS DE IGREJA

125 FESTAS NATALINAS

POSFÁCIO
141 BRINCANDO E CANTANDO COM LÉLIA
Leda Maria Martins

APÊNDICE
157 A PRESENÇA NEGRA NA CULTURA BRASILEIRA
Lélia Gonzalez

162 DOCUMENTOS

Desfile das escolas de samba, Rio de Janeiro-RJ (c. 1977).
Foto de Januário Garcia.

NOTA DA EDIÇÃO

Festas populares no Brasil ganha enfim uma edição para circular em livrarias, para alcançar leitores e leitoras mais diversos, amplificando a riqueza do que Lélia Gonzalez disse sobre festejos e manifestações culturais – e não apenas sobre isso. Em meio a descrições minuciosas de rituais e outras tradições, este livro traz uma análise da nossa cultura e da africanidade que a constitui, conversando a fundo com toda a obra e toda a atuação de Lélia.

Viabilizada pela então recém-criada Lei Sarney, a publicação de 1987 foi patrocinada por uma multinacional e distribuída como brinde a seus executivos. Em edição bilíngue e no que se considerava luxuoso acabamento gráfico, teve tiragem única e nunca foi para o circuito de livrarias, mesmo depois de acumular prêmios nacionais e internacionais. Na época, esse fato chegou a suscitar um debate sobre os gargalos econômicos do mercado livreiro nacional e o contrassenso de uma política cultural na qual os investimentos ficam sujeitos às volubilidades do setor privado, mas são bancados com dinheiro público de renúncia fiscal[1] – situação que, em essência, permanece inalterada.

Assim como a primeira edição, esta conta com mais de uma centena de trabalhos de fotógrafos consagrados, como Walter Firmo e Maureen Bisilliat. Uma das novidades importantes é a inclusão de Marcel Gautherot, fotógrafo francês de origem operária radicado no Brasil, e Januário Garcia, que era também militante do movimento negro e amigo de longa data de Lélia Gonzalez. São dele, inclusive, os retratos inéditos da autora incluídos neste livro.

Se a ideia de apresentar um vistoso volume de fotos se manteve entre as duas edições, para esta, no entanto, desde o início, o intento de dar o devido destaque ao texto e à autoria de Lélia pautou cada uma das decisões editoriais. Afinal, nada mais avesso ao pensamento dela que reduzir festejos populares brasileiros a um catálogo de particularidades exóticas a serem contempladas por um olhar de exportação ou assimiladas ao discurso nacionalista de uma suposta democracia racial.

O texto foi mantido na íntegra, padronizado, revisado e acrescido das referências bibliográficas de antropólogos, historiadores e folcloristas citados, as quais não existiam na edição de 1987. Incrementam o presente volume textos inéditos assinados por Leci Brandão, Leda Maria Martins e Raquel Barreto, que ajudam a compreender por que o tema das festas populares se insere no coração do projeto intelectual e político de Lélia Gonzalez.

---

[1] Em fevereiro de 1989, o *Jornal do Brasil* estampou a manchete "Primeiro prêmio em beleza na Feira de Leipzig, o livro *Festas populares do Brasil*, da editora carioca Index, não está à venda". Dias depois, o jornal veiculou uma resposta da gerente de atividades públicas da Coca-Cola no Rio de Janeiro. Na semana seguinte, saiu uma matéria discutindo a tendência de fazer uso da Lei Sarney para subvencionar edições luxuosas de livros-brinde.

Como apêndice, soma-se um escrito pouco conhecido de 1977 em que Lélia faz um balanço de seu curso pioneiro sobre culturas negras no país – experiência fundamentalmente ligada à redação deste livro, que demonstra que também se pensa e se luta *através* de manifestações culturais como o samba e as festas populares brasileiras[2]. A ementa original desse curso, ministrado na EAV do Parque Lage, está reproduzida na citada seção, junto com materiais como o folheto datilografado do samba enredo do Grêmio Recreativo de Arte Negra e Escola de Samba Quilombo, de autoria de Candeia, com anotações manuscritas da própria Lélia Gonzalez.

Para lançar esta aguardada nova edição de *Festas populares no Brasil* tivemos a colaboração de muitas pessoas. Registramos nosso reconhecimento: a Rubens Rufino, sobrinho criado como filho por Lélia, que acompanhou de perto todo o trabalho editorial; a João Fernandes e todos do Instituto Moreira Salles – em especial Bianca Mandarino e Silvana Marcelina – que se desdobraram para localizar e digitalizar as belíssimas fotos de Marcel Gautherot, Maureen Bisilliat, Januário Garcia e Walter Firmo generosamente cedidas para esta edição; ao Instituto Ibirapitanga, na pessoa de sua diretora Iara Rolnik, que por intermédio do Instituto Memorial Lélia Gonzalez nos concedeu seu apoio; à equipe da Casa Rex – especialmente a Gustavo Piqueira e Caroline Vapsys, responsáveis pelo projeto gráfico e por sua execução; às autoras dos textos complementares; a Vinicius Sena, que deu suporte ao projeto desde o começo; e, como sempre, à valiosa equipe da Boitempo, responsável por todos os detalhes, tendo Artur Renzo e Thais Rimkus à frente.

Esperamos, com este lançamento, nos somar à valorização e ao reconhecimento da produção intelectual de uma figura central do movimento negro brasileiro. Entrar em contato com a obra de Lélia significa, afinal, identificar na riqueza de nossas festas populares um espantoso poder de revelação do que é o Brasil – e do que ele pode vir a ser.

---

[2] Uma matéria de jornal publicada no mesmo ano de lançamento de *Festas populares no Brasil* chega a citar o título desse texto, "A presença negra na cultura brasileira", como um projeto de livro no qual Lélia estaria trabalhando. Ver "Lélia Gonzalez quer dinamizar o Planetário", *O Globo*, Rio de Janeiro, 7 set. 1987, p. 17.

Ala das baianas da Mangueira, Rio de Janeiro-RJ (1977). Foto de Januário Garcia.

PRÓLOGO

Leci Brandão

Em 2019, Angela Davis esteve no Brasil a convite da Boitempo e, diante de um grande público, no qual eu me incluía, questionou por que precisávamos buscar uma referência nos Estados Unidos. "Eu aprendo mais com Lélia Gonzalez do que vocês jamais aprenderão comigo", disse ela. Esse episódio me veio à memória assim que recebi o convite para escrever algumas palavras sobre a importância da publicação deste *Festas populares no Brasil* e de sua autora.

Tive a honra de conhecer Lélia quando ela era professora na Universidade Gama Filho, no Rio de Janeiro. Eu iniciava minha carreira musical e ainda me dividia entre o trabalho no departamento pessoal da universidade e os palcos de festivais. Ela, sempre generosa, me incentivava a seguir na música. Segui acompanhando sua trajetória política e acadêmica, com especial interesse em seus posicionamentos diante de temas que me são caros desde sempre: as religiões de matriz africana, as escolas de samba e o protagonismo das mulheres negras. Aliás, ela não apenas falou sobre as mudanças nas escolas de samba, como ajudou a fundar uma: o Grêmio Recreativo de Arte Negra e Escola de Samba Quilombo (G.R.A.N.E.S. Quilombo). Lélia era assim.

Lélia estudou, interpretou e refletiu sobre o Brasil em diversos aspectos. Abordou temas complexos sem perder a simplicidade. Lélia falava para ser compreendida, e isso diz muito sobre seu propósito ao atuar na academia, no movimento negro e em todos os lugares por onde andou. Lélia se tornou referência porque seu pensamento era absolutamente singular e ecoava em cada um e cada uma de nós, negros e negras, que vivíamos e ainda vivemos, no dia a dia, o que ela foi capaz de conceituar.

Não podemos deixar de mencionar, contudo, como uma historiadora, filósofa, antropóloga, pesquisadora e intelectual da grandeza de Lélia ainda não tem o reconhecimento à altura de seu brilhantismo. São vários os fatores que poderiam explicar essa tentativa de apagamento, mas o principal deles talvez seja o fato de ela ter ousado falar sobre nosso povo pelo lado de dentro, como protagonista, não como objeto de estudo. Ela também ousou apontar a importância fundamental das mulheres negras para a criação e a manutenção dos terreiros de candomblé, de umbanda, e das escolas de samba como territórios de resistência.

As falas de Lélia destoavam de todos os discursos que se faziam até então na academia. E destoavam porque eram absolutamente verdadeiras; porque Lélia não distinguia academia, militância, cultura e política. Ela concebia a luta e a construção de uma sociedade sem racismo em todas as dimensões. Enquanto a maioria dos intelectuais da época ainda explicava a sociedade brasileira pelo mito da democracia racial, Lélia escancarava que vivíamos em uma sociedade extremamente desigual e que essa desigualdade se assentava no racismo. Foi ela a primeira a nos dizer que a luta da mulher negra era diferente da luta de mulheres brancas.

Lélia era ímpar e sempre teve uma postura comprometida com o que defendia. Felizmente sua obra hoje está começando a receber o devido reconhecimento. E, como ela mesma certa vez escreveu sobre a mulher negra, "taí, mais firme que nunca, trabalhando como sempre, segurando as pontas de sua família como sempre e, como sempre, muito cheia de axé"[1].

Viva Lélia Gonzalez!

---

[1] Lélia Gonzalez, "De Palmares às escolas de samba, tamos aí", *Mulherio*, São Paulo, ano 2, n. 5, jan./fev. 1982, p. 3.

Comissão de frente
da escola campeã Vila Isabel,
Rio de Janeiro-RJ (1988).
Foto de Januário Garcia.

PREFÁCIO
PENSAR O BRASIL COM SUAS FESTAS
O QUE LÉLIA NOS ENSINA

Raquel Barreto

O livro *Festas populares no Brasil* foi lançado originalmente em 1987, em edição bilíngue português-inglês, com uma tiragem de 3 mil exemplares[1]. Nele, a filósofa e antropóloga Lélia de Almeida Gonzalez (1935-1994) apresentava a um público leigo algumas de nossas mais importantes festividades nacionais. Os textos eram acompanhados por registros visuais de fotógrafos de destaque e, em 1989, a publicação foi premiada na categoria "Os mais belos livros do mundo" da Feira de Leipzig, na antiga Alemanha oriental. Além disso, trata-se do único livro de Lélia publicado em vida que ela assina sozinha como autora[2].

---

1 Lélia Gonzalez, *Festas populares no Brasil* (Rio de Janeiro, Index, 1987). Existem poucas informações sobre o livro; os dados aqui mencionados foram retirados de *Jornal do Brasil*, 15 fev. 1989.

2 Ao longo de sua trajetória acadêmica e política, Lélia publicou artigos em revistas e periódicos de circulação nacional e internacional, além de integrar diversas coletâneas. Dividiu a autoria de *Lugar de negro* (Rio de Janeiro, Marco Zero, 1982) com o sociólogo Carlos Hasenbalg. Os livros autorais que reuniram seus ensaios, artigos, depoimentos e entrevistas só foram lançados postumamente. Vale mencionar que o primeiro dessa safra, *Primavera para as rosas negras: Lélia Gonzalez em primeira pessoa* (São Paulo, Filhos da África/Diáspora Africana, 2018), foi organizado, editado e lançado de forma autônoma em um esforço conjunto da União dos Coletivos Pan-Africanistas (UCPA) de São Paulo, com o intuito de apresentar a autora às novas gerações. A ênfase era compartilhar a produção intelectual da pensadora no interior da própria comunidade negra, seguindo uma orientação pan-africanista de autossuficiência em um momento em que ela ainda não era tão conhecida. Dois anos depois, com maior popularização de Gonzalez, foi lançada uma segunda coletânea, dessa vez por uma grande editora comercial, reunindo conteúdo muito semelhante ao primeiro, embora ainda existam textos inéditos a ser publicados.

A obra, no entanto, é pouco citada no Brasil. Isso se deve em parte à dificuldade de encontrá-la, uma vez que, produzida com patrocínio de uma multinacional e distribuída como presente de fim de ano, não chegou a ser lançada oficialmente no mercado livreiro. Talvez mais importante, contudo, seja o fato de que esse apagamento é também capítulo de um processo mais amplo de obliteração da produção intelectual de Lélia Gonzalez como um todo.

Ao longo de sua trajetória acadêmica, Lélia não teve reconhecimento à altura da importância de sua contribuição. De forma geral, seu trabalho foi considerado de menor valor entre seus pares; percebido, em muitos casos, como produção militante, ideologizada, carente dos rigores científicos necessários. Isso também ocorreu com outros intelectuais negros que mantiveram a dupla inscrição acadêmica e militante. Dito isso, é importante destacar que nesse meio-tempo o valor de sua obra sempre foi defendido e reivindicado no interior do movimento negro – em particular pelas mulheres negras, que souberam manter e preservar a memória a seu respeito[3].

É possível levantar algumas hipóteses para explicar por que as contribuições de uma das grandes pensadoras do país ainda não foram objeto de uma apreciação mais cuidadosa. Para começar, a referida dupla inscrição de Lélia enquanto acadêmica e militante certamente contribuiu para que sua produção fosse considerada mais ideológica que teórica. Ou seja, houve uma percepção de que seu engajamento contaminaria ou anularia o rigor científico ou a seriedade intelectual de seu trabalho. Além disso, o discurso que ela articulou sobre nossa formação social cultural destoava da narrativa dominante no campo das ciências sociais no país, que de uma forma ou de outra romantizavam a escravidão, reiteravam o mito da democracia racial e, sobretudo, negavam o racismo, bem como o conflito e as desigualdades sociais dele decorrentes. Some-se a isso o fato de que a discussão proposta pela autora ocorreu durante a ditadura militar, um momento marcado

---

[3] Um exemplo é o caso de Luiza Bairros, militante do movimento negro e ex-ministra da Promoção da Igualdade Racial, que escreveu um texto fundamental de apresentação do pensamento de Lélia para as novas gerações. Luiza Bairros, "Lembrando Lélia Gonzalez 1935-1994", *Afro-Ásia*, Salvador, n. 23, jan. 2000, disponível on-line.

pela interdição de grande parte do debate político. Por último, mas não menos importante, cumpre mencionar o papel do racismo e do sexismo na avaliação da obra elaborada por uma mulher negra.

Lélia Gonzalez, intérprete do Brasil

Lélia Gonzalez pode ser considerada uma pensadora decolonial antes de essa expressão ser conhecida[4]. Sua formação acadêmica multidisciplinar como filósofa, geógrafa e historiadora[5] lhe proporcionou uma compreensão mais ampla. Foi, porém, provavelmente no campo da antropologia que ela ofereceu suas contribuições mais significativas. Hoje ela é conhecida sobretudo por sua teorização das relações raciais e de gênero no Brasil, tendo elaborado, de forma precursora, as bases conceituais para um pensamento feminista negro brasileiro comprometido com a transformação social coletiva. De maneira original, a autora já preconizava, na década de 1970, as articulações entre as categorias de raça, gênero e classe como matrizes casadas de dominação[6] – com efeito, antecipando os pressupostos do que, em 1989, seria nomeado *interseccionalidade*[7].

[4] Sobre esse tema, ver Cláudia Pons Cardoso, "Amefricanizando o feminismo: o pensamento de Lélia Gonzalez", *Revista Estudos Feministas*, v. 22, n. 3, dez. 2014, p. 965-86, disponível on-line.

[5] Lélia cursou história, geografia (1958) e filosofia (1962) na antiga Universidade do Estado da Guanabara, atual Universidade do Estado do Rio de Janeiro (Uerj). Em relação a pós-graduação, há relatos divergentes sobre seus títulos de mestrado e doutorado. Na pesquisa que realizei, não pude confirmar se ela chegou a concluir esses cursos. Na única referência que encontrei em que ela menciona o assunto, datada de 1976, Lélia diz cursar o mestrado, mas não dá mais informações a respeito. Após o término da primeira licenciatura, começou a dar aulas; lecionou em vários colégios e instituições de ensino superior. No fim da década de 1970, tornou-se uma das poucas professoras negras na Pontifícia Universidade Católica do Rio de Janeiro (PUC-RJ), onde trabalhou até o fim da vida.

[6] Sobre essa questão, ver Raquel Barreto, "Enegrecendo o feminismo ou feminizando a raça: narrativas de libertação em Angela Davis e Lélia Gonzalez". Dissertação de mestrado em história. Pontifícia Universidade Católica do Rio de Janeiro, 2005.

[7] O conceito de interseccionalidade foi cunhado originalmente pela jurista afro-americana Kimberlé Crewshaw no artigo "Demarginalizing the Intersection of Race and Sex: A Black Feminist Critique of Antidiscrimination Doctrine, Feminist Theory and Antiracist Politics", *University of Chicago Legal Forum*, v. 1.989, n. 1.

Em paralelo a sua vida acadêmica, Gonzalez teve um papel de destaque na formação do movimento negro contemporâneo[8], do qual participou ativamente como militante e intelectual orgânica. Em 1976, fez parte de uma de suas primeiras organizações, o Instituto de Pesquisas das Culturas Negras (IPCN), no Rio de Janeiro. Em julho de 1978, participou da fundação do Movimento Negro Unificado (MNU), o primeiro esforço de criação de uma organização nacional de combate ao racismo. Foi no seio dessa experiência de militância, marcada por um esforço decisivo de articulação entre o movimento negro brasileiro e o de outros países, que Lélia inaugurou uma perspectiva conceitual para examinar as relações de raça, gênero e classe no Brasil.

Gonzalez também teve uma atuação no campo da política partidária de esquerda. Participou do processo de formação do Partido dos Trabalhadores (PT), cujo diretório nacional integrou entre 1981 e 1984. Pela sigla, candidatou-se a deputada federal em 1982. Apesar do bom número de votos que recebeu, não chegou a ser eleita. Em função das regras do colégio eleitoral à época, obteve, no entanto, a primeira suplência da bancada. Posteriormente, abandonou o partido, argumentando que não havia encontrado ali um real compromisso com a luta antirracista. Lélia, contudo, reiterava que esse era um problema do PT carioca. A autora tornou pública a questão em um conhecido texto que aponta para o que ela definiu como "racismo por omissão"[9]. Depois, filiou-se ao Partido Democrático Trabalhista (PDT) e, por essa legenda, candidatou-se em 1986 a deputada estadual.

Lélia era uma mulher de trânsitos, circulou no meio artístico e cultural. Esteve envolvida no início da formação da Escola de Artes Visuais do Parque Lage e participou da fundação do Colégio Freudiano do Rio de Janeiro, ambos criados em 1975. O colégio tornou-se uma das primeiras instituições a divulgar o pensamento de

---

[8] O qualificativo "contemporâneo" é empregado aqui para marcar uma mudança de paradigma em relação às etapas anteriores do movimento, pois, a partir da década de 1970, emergiu uma profunda crítica ao mito da democracia racial e intensificou-se a reivindicação de políticas institucionais e compensatórias de combate ao racismo.

[9] Lélia Gonzalez, "Racismo por omissão", *Folha de S.Paulo*, 13 ago. 1983.

Jacques Lacan no Brasil[10]. A Escola de Artes Visuais do Parque Lage, a EAV, foi um ambiente de renovação do campo artístico carioca, de desenvolvimento de novos procedimentos estéticos para a arte brasileira, marcado por experimentações e por uma proposta de transdisciplinariedade. Além de oferecer cursos, ela organizou ocupações, debates e atividades nesse espaço, com destaque para as comemorações do mês da consciência negra, em novembro, com uma programação proposta em conjunto com o movimento negro na cidade. No campo da cultura, manteve proximidade com o Grêmio Recreativo de Arte Negra e Escola de Samba Quilombo (G.R.A.N.E.S. Quilombo), fundado em 1975 por importantes compositores e sambistas, como Candeia, Nei Lopes, Wilson Moreira e Paulinho da Viola, que consideravam que as escolas de samba haviam se distanciado de seus princípios originais, tornando-se apenas um espetáculo comercial. Contra esse processo, o grupo defendia a necessidade de retomar uma perspectiva mais negra, política e popular. Envolvida desde 1976 com o grupo, Gonzalez viu seus escritos referenciados no enredo de 1978, elaborado no contexto dos noventa anos da abolição da escravidão[11]. De acordo com a socióloga Luiza Bairros, "foi assim que Lélia, ao perceber o alcance de seu trabalho dentro da comunidade negra, começou a refletir sobre sua responsabilidade como militante"[12].

Ao cunhar a categoria político-cultural de *amefricanidade*, Lélia propôs uma importante inovação teórica que forneceu

---

10 Diferentemente das outras associações psicanalíticas, essa não exigia uma titulação médica, o que permitiu a participação da autora.

11 Lélia relata o episódio ocorrido durante os encontros para mobilizar as entidades negras cariocas em torno do primeiro ato público do MNU: "E não dá para esquecer aquela tarde ensolarada em que a gente se mandou pra Coelho Neto, pra levar um papo com Candeia sobre a participação da Quilombo no ato público. Papo vai, papo vem, ele nos presenteou com o folheto do enredo para o próximo Carnaval: noventa anos de abolição. Fora escrito por ele, Candeia, 'baseado nas publicações de Edison Carneiro, Lélia Gonzalez, Nina Rodrigues, Arthur Ramos [...], Alípio Goulart'. Surpresa e emocionada, disse-lhe que ainda não tinha um trabalho publicado digno de ter meu nome ao lado daqueles 'cobras' (afinal, um artiguinho aqui, outro acolá, e de tempos em tempos, não significava nada). Ele retrucou dizendo que sabia muito bem do trabalho que eu vinha realizando 'por aí' e que isso era tão importante quanto os livros dos 'cobras'. Lélia Gonzalez, "O movimento negro na última década", em Lélia Gonzalez e Carlos Hasenbalg, *Lugar de negro*, cit., p. 45-6.

12 Ver Luiza Bairros, "Lembrando Lélia Gonzalez 1935-1994", cit.

fundamentos para examinar não apenas a formação histórico-cultural do Brasil, mas também de outras partes do chamado Novo Mundo. Notadamente um dos principais aportes da autora, esse conceito carregava uma singularidade epistêmica, pois oferecia outro modo de pensar, de conceber o conhecimento: sem se pautar pelo cânone (leia-se eurocentrismo), a abordagem propunha partir das margens e colocar sujeitos historicamente excluídos (pessoas negras e indígenas) no centro das interpretações. Lélia inaugurava, assim, uma perspectiva de compreensão das experiências nas Américas que partia de uma relação territorial e continental. Ou seja, tratava-se de considerar outras histórias e narrativas do continente, não as forjadas pelo colonialismo. Um dos exemplos que a autora apresenta nesse sentido é uma análise de Nanny, líder *maroon* (equivalente a nosso quilombola) que estaria "para a Jamaica assim como Zumbi para o Brasil", por seu papel como liderança e na resistência à dominação colonial inglesa na Jamaica[13].

Uma faceta menos conhecida de sua obra é a análise da formação e do funcionamento do capitalismo brasileiro a partir das relações raciais. Além de analisar as relações raciais e de gênero, Gonzalez se dedicou a examinar a estrutura das relações de classe e a dinâmica entre capital e trabalho no Brasil, observando as particularidades de seu "desenvolvimento desigual e combinado". Acredito que ela tenha sido uma das primeiras pessoas a analisar esse tema pela ótica da questão racial no Brasil, mostrando que no lado menos favorecido do desenvolvimento desigual e combinado concentrava-se a população negra. Ela assinala, por exemplo, como essa articulação interna de distintas etapas de desenvolvimento produzia características como 1) a permanência de uma formação produtiva anterior à própria formação do capitalismo; 2) a dependência econômica neocolonial (exportação de matéria-prima para as metrópoles); e 3) produção de uma grande massa

---

[13] As memórias que se construíram em torno dessa personagem borram a separação entre o real e o mítico. Para conhecer o debate, ver Lélia Gonzalez, "A categoria político-cultural de amefricanidade", *Brasileiro*, Rio de Janeiro, n. 92-3, jan.-jun. 1988, p. 68-9, e "Nanny", *Humanidades*, Brasília, n. 17, v. 4, 1988, p. 23-5.

marginalizada (exército industrial de reserva), onde se concentra a população negra, que após a abolição saiu do centro da produção econômica para sua periferia. Nos textos desse momento, observam-se algumas referências marxistas, pouco presentes nas décadas seguintes[14].

Quando se contempla em retrospectiva toda a trajetória de Lélia, vem à tona essa personagem histórica notável capaz de articular um pensamento inovador que visava a analisar a realidade social, mas, sobretudo, transformá-la. Sua contribuição teórica é indissociável de sua militância política nos movimentos sociais e nas esquerdas, que foram importantes para que ela tivesse gerado uma proposição analítica disruptiva a respeito das relações raciais e de gênero e da cultura. Nesse sentido, suas ideias também se nutriram dos debates que ocorriam no interior do movimento negro, que fundava novas definições para antigos e conhecidos debates – democracia, identidade nacional e relações raciais, entre outros[15].

---

14 A problemática do "desenvolvimento desigual e combinado" faz parte de um debate da época ligado às elaborações da teoria da dependência, que enfatizava as particularidades das relações capitalistas nos países da América Latina. Uma das principais matrizes dessa reflexão são as formulações de teóricos marxistas como Vladímir I. Lênin e Leon Trótski, que mostraram como alguns países onde a expansão do sistema capitalista ocorreu de forma tardia concentravam, em seu interior, distintas fases de desenvolvimento das forças produtivas. Ver Lélia Gonzalez, "A juventude negra brasileira e a questão do desemprego" (mimeo), resumo apresentado na Segunda Conferência Anual da African Heritage Studies Association, 28 abr. 1979, e "O papel da mulher negra na sociedade brasileira: uma abordagem político-econômica" (mimeo), comunicação preparada para o simpósio *The Political Economy of the Black World*, realizado pelo Center for Afro-American Studies da UCLA, 10-12 maio 1979.

15 O fato de Lélia ser uma pessoa de muitas frentes de atuação foi detectado pelos órgãos de inteligência da ditadura militar. Em pesquisa, tive oportunidade de encontrar, pela primeira vez, os documentos do Departamento de Ordem Política e Social (Dops) relativos à autora, que foi vigiada em algumas ocasiões, mas nunca presa nem torturada. A primeira investigação foi em 1972, por suspeita de envolvimento com o "recrutamento de adeptos à doutrina marxista"; nenhuma evidência veio à tona. As menções posteriores são relacionadas às atividades no movimento negro e, mais tarde, no PT. A documentação está disponível no Arquivo Público do Estado do Rio de Janeiro, setor Comunismo, pasta 112, folha 211-7 (Fundo de Polícias Políticas no Rio de Janeiro, Fichários do Dops).

Ler o Brasil através
de suas festas populares

O tema das festas populares, ainda que menos visitado, perpassa a obra de Lélia Gonzalez. Além de seu referido trânsito cultural pelas escolas de samba, é pouco citado o próprio fato de a pensadora ter uma aproximação acadêmica com os estudos a respeito da cultura brasileira. Lélia se dedicou por muitos anos a lecionar sobre o assunto e inclusive promoveu, pioneiramente, um curso dedicado à cultura negra brasileira na EAV entre 1976 e 1978, época em que poucas pessoas negras do mundo acadêmico tinham inserções de destaque[16].

A autora oferece um aporte para interpretar a formação social e cultural brasileira: o destaque do protagonismo da população negra, em especial das mulheres, a partir da escolha da cultura como um lócus de observação e disputa. Para ela, a cultura brasileira é marcada por sua africanidade. Esse processo se constitui historicamente à medida que o escravizado imprime suas marcas na cultura do dominador. "Se a gente detém o olhar em determinados aspectos da chamada cultura brasileira", escreve Lélia, "a gente saca que, em suas manifestações mais ou menos conscientes, ela oculta, revelando, as marcas da *africanidade* que a constituem"[17].

Sua proposta contestava os pressupostos canônicos do pensamento social brasileiro a respeito de nosso processo de formação e das relações raciais, disputando a definição de quais seriam os elementos constituintes e definidores da ideia de nação. Afinal, o papel atribuído aos africanos e seus descendentes era em larga medida episódico, complementar. Sua apreciação se contrapôs a autores como Gilberto Freyre e Caio Prado Júnior, sobretudo na denúncia da violência que definiu as relações raciais. Vale destacar

---

[16] Para uma apresentação da proposta do curso nas palavras da própria Lélia, ver "A presença negra na cultura brasileira", p. 159 deste volume.

[17] Lélia Gonzalez, "Racismo e sexismo na cultura brasileira", em *Lélia Gonzalez: primavera para as rosas negras*, cit., p. 194.

seu esforço para descentralizar a hegemonia eurocêntrica e masculina na produção do conhecimento[18].

Gonzalez defendia que a formação sociocultural brasileira – a mesma que deu origem às festas populares – tinha base nas matrizes dos povos africanos, indígenas e europeus, que, em um "complexo processo de interinfluências, fizeram dela algo de peculiar, de diferente de cada uma delas"[19]. No entanto, por razões históricas, os povos que foram escravizados e oprimidos tiveram suas manifestações culturais *recalcadas*. O termo aqui é tomado de empréstimo da psicanálise freudiana[20]. A palavra alemã *verdrängen* – literalmente "empurrar para o lado", "desalojar" – tem um sentido originário na linguagem da construção ao se referir ao rebaixamento da terra ou de paredes; e o radical "calcar" abarca diversos usos, como "calcar a terra, o terreno" ou "pressionar-pisar-apertar"[21]. Daí a necessidade de nomear as manifestações culturais não europeias como "populares" ou folclóricas, com sentido depreciativo, de menor valor, justamente por serem afro e indígenas. E ainda, quando possível, apagar-se a participação "efetiva da contribuição das classes populares, da mulher, do negro e do índio[22] em

---

18 Há algum tempo defendo a abordagem de Lélia como uma intérprete do Brasil. Sobre essa questão, ver Raquel Barreto, "Lélia Gonzalez: uma intérprete do Brasil", em Lélia Gonzalez, *Primavera para as rosas negras*, cit.; Raquel Barreto, "Lélia Gonzalez, uma intérprete (negra) do Brasil", em Andréa Casa Nova Maia (org.), *Recortes do feminino: cristais de memória e histórias de mulheres nos arquivos do tempo* (Telha, Rio de Janeiro, 2021).
19 Lélia Gonzalez, "A presença negra na cultura brasileira", cit., p. 161.
20 A referência à psicanálise aqui não é casual, uma vez que Lélia participou da fundação do Colégio Freudiano do Rio de Janeiro, responsável pela recepção do pensamento de Jacques Lacan. Profunda conhecedora do tema, mobilizou conceitos do pensamento freudiano e lacaniano para analisar as relações raciais no Brasil: neurose, denegação, recalque e outros. Cabe fazer um parêntese sobre a forma pela qual a autora engajou-se conceitualmente com esses pensadores europeus sem reproduzir uma leitura colonizada das obras. Em depoimento, ela afirma: "Meu lance na psicanálise foi muito interessante, a psicanálise me chamou a atenção para meus próprios mecanismos de racionalização, de esquecimento, de recalcamento etc. Foi, inclusive, a psicanálise que me ajudou neste processo de descobrimento da minha negritude". Ver a entrevista concedida a Jaguar em *O Pasquim*, Rio de Janeiro, n. 870, 20-26 mar. 1986, p. 10.
21 Luiz Albeno Hanns, *Dicionário comentado do alemão de Freud* (São Paulo, Imago, 1996), p. 358.
22 Atualmente o termo "índio" é considerado uma forma equivocada e problemática de referir-se aos habitantes originários do continente americano; empregam-se "indígenas" ou "povos originários". No entanto, quando o texto foi escrito, essa nomeação ainda era empregada.

nossa formação histórica e cultural. Na verdade, o que se faz é folclorizar todos eles"[23].

A autora destaca que, seguindo a base de um padrão *eurocatólico*, os africanos de pontos distintos do continente procuraram reorganizar muitos aspectos de suas culturas originárias. Apropriaram-se do espaço simbólico fixado pelo calendário das festas religiosas católicas e o reelaboram, inscrevendo coletivamente novos sentidos àquelas manifestações. Um intenso, árduo e sofisticado exercício de mediação de mundos e afirmação de humanidade feito dentro das possibilidades de vida material existentes. Desse processo resultaram muitas das formas de celebração e festividades que conhecemos e que definem aspectos cruciais da identidade nacional, além do que chamamos "nossas festas". É importante reiterar que esse processo não deve ser romantizado, uma vez que foi, em essência, elaborado por relações desiguais de exploração e opressão violentas.

Um dos exemplos mais notáveis do processo de reelaboração cultural está justamente no Carnaval, festa universal do e no mundo católico, a maior celebração popular do país. Sua origem, de acordo com a autora, está nos festejos pagãos[24] consagrados a Dionísio, deus do vinho, das festas, da alegria e do teatro para os gregos – equivalente a Baco para os romanos. No século XV, a Igreja católica, sem conseguir extinguir a celebração pagã, incorporou-a a seu calendário. De Roma, a festa seguiu para Portugal, onde foi nomeada "entrudo", com características bastante peculiares, como o fato de as pessoas se molharem e perseguirem as outras na rua, jogando farinha e limão de cheiro no intuito de sujar. Essa foi a primeira expressão do Carnaval que chegou ao Brasil colônia.

No século XIX, com a vinda da corte, exportou-se um Carnaval mais "sóbrio", marcado por desfiles de carruagens e uso de máscaras, de origem francesa, praticado pela elite. Já a versão que conhecemos – "festa única em que negros, pobres, explorados e oprimidos

---

[23] Lélia Gonzalez, "De Palmares às escolas de samba, tamos aí!", *Mulherio*, São Paulo, n. 5, jan./fev. 1982.
[24] O termo nomeia antigos cultos ou tradições politeístas e animistas praticadas na Europa.

podem sair às ruas e cantar seus sonhos, suas dores e suas alegrias (embora a polícia esteja sempre por perto)"[25] – adquiriu características populares e a expressão atual graças à comunidade negra, que, nos espaços urbanos, perspicazmente, percebeu "as possibilidades de ritualização oferecidas pelo Carnaval" e foi "ocupando o lugar da festa com seus ritmos, seus cantos e suas danças".

Aqui é central o papel das escolas de samba como organização comunitária e coletiva negra. Inicialmente perseguidas ou consideradas de menor importância, essas escolas, ao ganharem notoriedade nacional e internacional, foram sendo afastadas da influência da comunidade, como vimos. Esse processo de mercantilização e espetacularização é marcado, ao mesmo tempo, por uma subtração das marcas africana e afrodiaspórica de autoria dessas manifestações. Nas palavras de Lélia:

> Afoxés, cordões, blocos, escolas de samba, frevos, esses baratos todos que antes eram chamados de "coisa de negros", e por isso mesmo reprimidos, hoje fazem parte de um "patrimônio cultural nacional" do qual, é claro, os beneficiários não são os "neguinhos", mas as secretarias e as empresas de turismo.[26]

Cabe ressaltar outro importante aspecto de definição do Carnaval: as características específicas que se estabelecem temporal e regionalmente. No Rio de Janeiro, por exemplo, além dos desfiles de escola de samba, há nos subúrbios os bate-bolas[27]. Da Bahia, Lélia cita o "Carnaval ijexá", que se popularizou em meados da década de 1970 como expressão de um movimento de tomada de consciência

---

[25] Lélia Gonzalez, "Taí Clementina, eterna menina", *Folha de S.Paulo*, "Folhetim", 21 fev. 1982, p. 5.
[26] Idem, "De Palmares às escolas de samba, tamos aí!", cit., p. 121.
[27] Também conhecidos como clóvis, pierrôs e clowns, os bate-bolas compõem um circuito de Carnaval que abrange o subúrbio e as zonas Norte e Oeste da cidade. Sua grande característica é o fato de os foliões saírem mascarados e com bolas que batem no chão, fazendo barulho e assustando as pessoas. Em 2012, tornaram-se Patrimônio Cultural Carioca Imaterial em função da "forma alegre e irreverente da população suburbana festejar e a sua capacidade de produzir uma manifestação de caráter tradicional e ao mesmo tempo renovador". Decreto n. 35.134, 16 fev. 2012, Prefeitura do Rio de Janeiro.

racial entre os jovens baianos, que procuravam reafricanizar o Carnaval. Nesse contexto, formam-se os grupos Ilê Aiyê, Olodum, Malê Debalê e outros que também estabeleceram atuações sociais em suas comunidades. Esses blocos afro combinavam elementos estéticos e percussivos considerados africanos, bem como letras que articulavam um discurso político de afirmação negra. Foi nessa mesma época que, no Rio de Janeiro, surgiu o referido G.R.A.N.E.S. Quilombo, com o projeto de recuperar os princípios afro-brasileiros do Carnaval, perdidos com a comercialização da festa. Foram iniciativas que ocorreram em concomitância com a retomada do movimento negro brasileiro após os impactos causados pela ditadura militar – processo do qual Lélia participou ativamente, com uma trajetória que sintetizou os cruzamentos entre política e cultura[28]. Ela destaca, ainda, o Carnaval pernambucano, que contempla maior diversidade rítmica e de formas de festejo: "Maracatus, caboclinhos, clubes de frevo, troças, bumba meu boi, cordões, turmas, cabeções etc.".

Neste livro, Gonzalez apresenta as festas a partir de oito ciclos que seguem o calendário e cobrem o território nacional: Carnaval, quaresma, festas juninas, festas de igreja, bumba meu boi, cavalhadas, festas afro-brasileiras e festas natalinas. Seu texto procura dialogar com um público pouco familiarizado com o tema e que, em muitos casos, se aproxima pela primeira vez dessas manifestações culturais. Esse esforço de síntese e sistematização aparece de maneira eloquente quando ela articula fatos densos e histórias de longa duração que, em alguns casos, remontam à Antiguidade. É o caso da apresentação do bumba meu boi, festa bastante popular, celebrada em inúmeras partes do país e que tem sua origem no Egito.

[28] Sobre a retomada da organização do movimento negro a partir do início de 1972, cabe ressaltar a importância do Centro de Estudos Afro-Asiáticos (Ceaa). Sediado na Universidade Cândido Mendes, no Rio de Janeiro, o núcleo de pesquisa dedicado ao continente africano oferecia relativa segurança institucional para a realização de encontros e debates, sendo fundamental para o surgimento dos primeiros grupos: Sociedade de Intercâmbio Brasil-África (Sinba); Instituto de Pesquisas das Culturas Negras (IPCN); Grupo de Trabalho André Rebouças (GTAR). Em 1978, Lélia estava completamente envolvida, tornando-se uma das fundadoras do Movimento Negro Unificado Contra a Discriminação Racial (MNUCDR). Ela esteve no histórico ato de fundação, realizado em julho de 1978, nas escadarias do Theatro Municipal de São Paulo, sob risco de prisão por infração à lei que proibia manifestações públicas.

A representação do boi mítico, de sua morte e sua ressurreição constitui um tema universal, procedente de antigos cultos a divindades propiciadoras da fertilidade. E, desses cultos, o mais recuado historicamente é, sem dúvida, o do boi Ápis egípcio, que se difundiu na Europa via Grécia e Roma, integrando-se nas mais diversas elaborações mitológicas.[29]

Ou seja, ao mesmo tempo que procura desenvolver uma introdução cuidadosa ao tema das festas populares, visando a um público leitor de primeira viagem, Lélia acrescenta certa tessitura ao texto em uma apreciação crítica que permite trazer à tona as múltiplas camadas envolvidas nos fenômenos analisados. Ao mencionar as festas natalinas, por exemplo, a autora pontua:

Desnecessário dizer que a presença de elementos novos, pertencentes às culturas indígenas e africanas, determinou as recriações dos folguedos natalinos em terras brasileiras, ocasionando sérias recriminações da Igreja que aqui os introduzira. A diversificação desses folguedos é característica do Nordeste, onde podem apresentar diferentes autos ao mesmo tempo.[30]

Há também uma dimensão profundamente visual em algumas passagens do livro, as quais permitem imaginar e recriar algumas das festividades, como é o caso da descrição do Círio de Nazaré:

Na noite do sábado que precede o segundo domingo de outubro, ocorre a imponente procissão de Nossa Senhora de Nazaré com o acompanhamento que lhe é característico: milhares de velas, tochas e círios acesos, conduzidos pelos romeiros e visitantes, num percurso de três quilômetros. Destaca-se, ainda, a presença de muitos carros alegóricos conduzindo anjinhos e oferendas, sobretudo daquele que transporta a imagem da Santa, denominado berlinda, profusamente enfeitado de flores naturais. Promesseiros descalços ou vestidos a caráter constituem

---

[29] Ver p. 77 deste volume.
[30] Ver p. 126 deste volume.

grande parte dos acompanhantes. O aspecto profano da festa consiste na presença de tabuleiros de comida típicas nas barraquinhas do arraial, assim como em árvores com brinquedos coloridos.[31]

Festas afro-brasileiras: o duplo ajustamento

Lélia argumenta que as festas afro-brasileiras são resultado de um processo de resguardo de modos culturais provenientes do continente africano reelaboradas num novo território, sob um sistema terrível – a escravidão – e marcado pelo signo da violência. Para pensar essas manifestações socioculturais nas quais os africanos e seus descendentes buscam resguardar valores culturais e referências básicas das sociedades a que pertenciam, ela mobiliza o conceito de *duplo ajustamento*. Sabe-se que a lógica interna de ordenação da escravidão procurou desestabilizar as referências sociais e culturais e tentou impedir as possibilidades de reagrupação de grupos étnicos. A resposta ao processo foi a elaboração de um movimento duplo de "resistência/acomodação". Nas palavras de Lélia:

> Os escravos forjaram uma nova identidade que, de um lado, adaptava-se taticamente às exigências de obediência e fidelidade ao modelo dominante e, de outro, integrava-se de fato às formas de vida e de pensamento que iam sendo elaboradas por sua própria comunidade.[32]

Foi atuando nas brechas possíveis – especialmente no campo da religiosidade, basilar para as civilizações africanas – que, de acordo com a autora, tornou-se viável preservar certos valores e práticas culturais. Um exemplo importante foi o estabelecimento das irmandades negras dentro do espaço institucional da Igreja católica.

---

[31] Ver p. 122 deste volume.
[32] Ver p. 99 deste volume.

As irmandades do Rosário e de São Benedito, onde os bantos mais se concentravam, disseminaram-se por todo o país, seguidas de outras como as de Nossa Senhora da Boa Morte de Santa Ifigênia, Bom Jesus dos Marítimos, Nossa Senhora do Parto etc. Nas festas que promoviam, toda uma africanidade era mais ou menos rememorada, dependendo da região. Congadas, cacumbis, congos etc. exibem-se em diferentes meses do ano, na sequência do calendário católico.[33]

As festas do calendário oficial religioso católico ganham, assim, novos significados na medida em que passam a operar como espaços de recriação.

Essa dinâmica identificada por Lélia nos fornece elementos importantes para compreender a complexidade do processo para além daquilo que se costuma denominar "mestiçagem cultural". Afinal, mais que uma simples "transposição" de valores religiosos, o que houve foi uma existência em paralelo. Uma das consequências disso é que, na medida em que as religiões católica e africana são dois sistemas fechados que não se referenciam nos mesmos valores, não existe contradição no fato de ser cristão e "animista" ao mesmo tempo: os princípios de realidade em que cada um dos sistemas se fundamenta são absolutamente distintos.

Foi também no campo religioso que se destacou o papel das mulheres negras como mantenedoras e transmissoras dos valores da (e para a) sua comunidade. Na verdade, o papel delas não se restringia ao espaço do sagrado, mas a toda a vida social. Como formula Lélia, em outro ponto,

> a mulher negra é responsável pela formação de um inconsciente cultural negro brasileiro. Ela passou os valores culturais negros; a cultura brasileira é eminentemente negra, esse foi seu principal papel desde o início.[34]

---

[33] Ver p. 100 deste volume.
[34] Lélia Gonzalez, "Mito feminino na revolução malê", *Afrobrasil*, Salvador, 27 mar.-2 abr. 1985.

A passagem dos valores afro-brasileiros fez-se, de acordo com a autora, por meio da figura da "mãe preta", aquela que, no período da escravidão, exerceu a função materna[35] e ensinou a linguagem – na verdade, ensinou *sua* linguagem, subvertendo por dentro a casa-grande, a ordem do mundo branco, europeu. A chamada "mãe preta", que o branco quer adotar como exemplo do negro integrado, que aceitou a democracia etc. e tal, na realidade tem um papel importantíssimo como *sujeito suposto saber* nas bases mesmo da formação da cultura brasileira. Ao aleitar as crianças brancas e ao falar seu português (com todo um acento de quimbundo, de ambundo, enfim, das línguas africanas), é ela que vai passar para o brasileiro, de um modo geral, determinado tipo de pronúncia que também traz marcas de um modo de ser, de sentir e de pensar[36].

Ao contemplar o complexo processo discutido por Lélia no livro, faz-se necessário afirmar que nossas práticas culturais – como festas, religiosidades, sociabilidades – foram profundamente marcadas e definidas por diversos grupos étnicos do continente africano e seus descendentes, trazidos forçosamente ao continente americano. Tudo a partir de estratégias de resistência elaboradas para sobreviver física e espiritualmente à escravidão e ao terror racial. Dentro das possibilidades da vida existente, procuraram reconstruir referências, elaborar outras, refazer laços de parentesco e muito mais. Ao observar o mundo que os cercava, conferiram novos significados ao que estava dado naquele contexto, em um exercício complexo e sofisticado de mediação de mundos.

Apreciar as festas populares é, portanto, compreender que essas manifestações chegaram da Europa e assumiram aqui novas feições e significados, até mesmo formas próprias e distintas de serem celebradas e vivenciadas. É compreendê-las como resultado de um intenso

---

[35] A perspectiva lacaniana adotada pela autora considera que o papel da função materna é o da pessoa responsável pelo cuidado, o que não se confunde com a maternidade propriamente dita. Para uma discussão mais aprofundada desse tema, ver idem, "Racismo e sexismo na cultura brasileira", cit.

[36] Ver a entrevista de Lélia Gonzalez em Carlos Alberto Pereira e Heloisa Buarque de Hollanda (orgs.), *Patrulhas ideológicas: arte e engajamento em debate* (São Paulo, Brasiliense, 1980), p. 204.

processo de resistência cultural no interior do mundo colonial, uma dinâmica decorrente de conflitos, negociações e, sobretudo, recriações. E compreender, em suma, como isso moldou aspectos cruciais de nossa forma de ser e agir.

Em contato com a sociedade pretensamente europeia, foi necessário procurar brechas, alternativas, redefinições de tradições culturais em função do amalgamento. Dentro dos limites e das condições apresentadas, os escravizados precisavam reconstruir seu mundo de referenciais ou pensar em possibilidades de criação e desenvolvimento. Daí a pertinência de considerar nossas festas populares fenômenos sociais diversos e complexos, percebendo que, ao lado da celebração da cultura, ocorreu um perverso apagamento desses mesmos sujeitos.

Aqui vale mencionar uma proposição singular que Lélia acrescenta ao debate: o conceito de "neurose cultural brasileira". Em um conhecido texto[37], ela propõe entender o racismo como sintoma, isto é, manifestação aparente/exterior de um conflito inconsciente, compartilhado em nosso imaginário social. No caso, o desejo de ser um país branco, formado por descendentes de europeus, que, no entanto, precisa se haver com as presenças negras e indígenas que de fato moldaram o povo brasileiro. A neurose residiria justamente na necessidade de evocar elementos da cultura dos dominados para se afirmar a identidade nacional[38]. Na avaliação de Lélia, é isso que estrutura os reiterados esforços de ocultamento e apagamento dessa presença – das formas mais sutis de depreciação da cultura negra às mais brutais políticas de extermínio físico de sua população, historicamente perseguida e institucionalmente reprimida[39]. Nas palavras da autora:

---

[37] Lélia Gonzalez, "Racismo e sexismo na cultura brasileira", *Ciências Sociais Hoje*, Brasília, Anpocs, n. 2, 1983, p. 223-44. Comunicação apresentada originalmente na Reunião do Grupo de Trabalho "Temas e problemas da população negra no Brasil", IV Encontro Anual da Associação Brasileira de Pós-graduação e Pesquisa nas Ciências Sociais, Rio de Janeiro, 31 out. 1980.

[38] Aqui caberia pensar em que medida a instauração da extrema direita no país hoje e sua vinculação direta com afirmação dos nomeados valores ocidentais e cristãos que reforçam uma identidade branca, referenciada na Europa e nos Estados Unidos, apresenta novas nuances e questões para a proposição original da autora.

[39] A perseguição às religiões de matrizes africanas no Brasil, tanto no passado como no presente, elucida a questão.

> Diferentes lugares da cultura brasileira são caracterizados pela presença desse elemento [africano]. [...] Que se atente para o 31 de dezembro nas praias do Rio de Janeiro, [...] as festas de largo em Salvador. Mas que se atente para os hospícios, as prisões e as favelas como lugares privilegiados da culpabilidade enquanto dominação e repressão. Que se atente para as práticas dessa culpabilidade através da chamada ação policial.[40]

Ao mesmo tempo, há a mercantilização, a apropriação e a obtenção de dividendos dessa cultura, ainda que seus produtores sejam tolhidos. Ela demonstra como a necessidade de encobrimento e rejeição da cultura negra deriva do caráter colonizador de nossa classe dominante, preocupada em afirmar sua superioridade, enaltecer sua "europeidade" e projetar-se como país branco, ocultando suas origens constitutivas africanas e indígenas. Nesse sentido, os mitos da cordialidade e da democracia racial "acobertam a violência (real e simbólica) com que os sujeitos e os valores representativos da 'senzala' e da 'selva' são tratados. Paternalismo e autoritarismo se entrecruzam em diferentes níveis e formas, como expressões típicas de repressão/recalcamento da cultura dominada"[41].

A tese defendida por Lélia, bastante original para a época, contrariava a assertiva de que pessoas africanas que aqui chegaram eram objetos, mercadorias – corpos considerados sem alma e intelecto. Respondendo a uma percepção compartilhada entre alguns importantes nomes do pensamento social da época, a autora evidencia o papel fundamental dessa população na formação social brasileira[42]. O fato de ter atuado, vivenciado, pesquisado e, sobretudo, circulado em lugares tão diversos como universidades,

---

[40] Lélia Gonzalez, "Racismo e sexismo na cultura brasileira", cit., p. 210.
[41] Idem, "Prefácio dos *Cadernos negros 5*" [1982], em *Primavera para as rosas negras*, cit., p. 139.
[42] Um exemplo muito palpável é a citação do historiador Caio Prado Júnior que Lélia inclui no referido texto "Racismo e sexismo na cultura brasileira": "Realmente, a escravidão, nas duas funções que exercerá na sociedade colonial, fator trabalho e fator sexual, não determinará senão relações elementares muito simples". Caio Prado Júnior, *Formação do Brasil Contemporâneo* (São Paulo, Brasiliense, 1979), p. 342.

espaços artísticos, divãs, movimentos sociais, terreiros de candomblé, escolas de samba e partidos políticos possibilitou a Lélia Gonzalez elaborar um pensamento singular, indissociável de uma práxis comprometida com a transformação social. Este livro é um exemplo luminoso desse pensamento em ação.

Desfile das escolas de samba, Rio de Janeiro-RJ (s/d). **Foto de Januário Garcia.**

FESTAS POPULARES NO BRASIL

Desfile das escolas de samba, Rio de Janeiro-RJ (s/d).
Foto de Januário Garcia.

INTRODUÇÃO

A formação cultural brasileira se fez a partir de um modelo que poderíamos chamar de eurocatólico. Por isso mesmo, nossas festas populares se realizam no espaço simbólico estabelecido por esse modelo: as festas gerais, como Natal, Carnaval, São João e Aleluia, inscrevem-se no calendário fixado pela Igreja – e isso também ocorre com aquelas de caráter mais restrito.

Todavia, quando as analisamos de perto, verificamos uma espécie de ruptura dos limites impostos pelo modelo dominante. A intervenção de formas procedentes de outros modelos culturais – africanos e indígenas – torna-se crucial para a compreensão da dinâmica das festas populares brasileiras. E isso sem esquecer aquelas originárias do velho paganismo (não apenas greco-romano), que também se fazem presentes. O que queremos dizer é que, na verdade, a dinâmica cultural é a grande responsável pelo estilhaçamento de classificações impostas de cima para baixo; essa dinâmica que tem por sujeito os anônimos representantes das chamadas classes populares. Portanto, se o espaço da festa é eurocatólico, sua manifestação é muito mais ampla, muito mais abrangente. E é isso que nos ensinam pastoris, congadas, bumba meu boi, afoxés, malhação do Judas, caboclinhos, folias, bloco de sujo, fogueiras e balões, maracatus e tantas outras manifestações. Muitas vezes, o olhar do estudioso, educado segundo as normas de sistemas ideológicos, acaba por aprisionar, por reduzir a compreensão da riqueza cultural de tais manifestações. Sem falar do preconceito explícito, óbvio, de certas análises marcadas pelo etnocentrismo. Não é casual, aliás, o significado atribuído ao termo "folclorização" de nossas manifestações folclóricas populares.

E recordamos, então, o mestre Câmara Cascudo, que vê a cultura humana segundo o duplo aspecto do popular e do adquirido nas escolas e nas universidades. Se este último aspecto se manifesta nos livros e de acordo com um racionalismo abstrato, formal e, consequentemente, excludente, dizemos nós, o primeiro "é o que a própria experiência do mundo revela". E, continuando, ele afirma que a cultura popular é sempre anterior. "No que usamos, comemos, vestimos, na maneira como esboçamos um gesto ou na forma como nos divertimos, há uma colaboração anônima, que vem de milênios."[1]

---

[1] Luís da Câmara Cascudo, "Prefácio", em Cáscia Frade et al., *Brasil: festa popular* (Rio de Janeiro, Livroarte, 1980), p. 8.

Afoxé Filhos de Gandhy, Salvador-BA (s/d).
Foto de Januário Garcia.

Desfile das escolas de samba, Rio de Janeiro-RJ (c. 1977).
Foto de Januário Garcia.

CARNAVAL

Quando observamos o modo de apresentação dos festejos carnavalescos, constatamos que sua forma predominante são os cortejos, os séquitos, as procissões. Na verdade, as origens do Carnaval estão nas dionisíacas, festas consagradas a Dionísio, deus grego do cultivo da uva; alegres procissões, com grupos dançantes de mascarados, eram a marca dessas celebrações. Lá em Roma, como bacanais (pois Dionísio é o Baco romano), elas se defrontam com o cristianismo. Não conseguindo suprimi-las de início, a Igreja no começo as tolerou para, depois, integrá-las a seu calendário, sobretudo após a Contrarreforma; por isso mesmo, não proibiu sua realização nos territórios coloniais. Ficaram famosas as procissões de flores, na Espanha, e os desfiles de máscaras, na França e na Itália, desse Carnaval cristão, que se estendia do Dia de Reis à Quarta-Feira de Cinzas. O calendário atual estabelece que o domingo de Carnaval deve acontecer sete domingos antes do Domingo de Páscoa. Por tudo isso, entende-se por que o Carnaval é uma festa universal do e no mundo católico. Já o Carnaval português, que, segundo seus críticos, não tinha a *finesse* do francês e do italiano, era, de fato, uma festa violenta. O entrudo, pois esse era seu nome, caracterizava-se como um folguedo em que latas d'água, farinha, tinta eram atiradas sobre os passantes, causando grandes confusões. Com essas características, ele foi introduzido no Brasil, onde reinaria durante cerca de três séculos. A participação dos escravos permitiu-lhe atingir formas mais elaboradas, sem que, no entanto, ele perdesse seus objetivos: molhar, sujar e perseguir as pessoas. Suas marcas ainda se fazem em algumas regiões. O mela-mela do Recife é um exemplo.

De acordo com Alceu Maynard de Araújo, a forma atual do Carnaval brasileiro só se configurou a partir da Guerra do Paraguai[1]. Na verdade, outras formas de folguedo, que vinham se desenvolvendo de modo paralelo ao entrudo, passaram a integrar os festejos carnavalescos, o que resultou na sua transfiguração[2]. E foi das camadas populares que procederam essas contribuições, essa nova configuração que deu identidade própria ao Carnaval brasileiro. Sobretudo dos segmentos negros urbanos que, pressentindo as possibilidades de ritualização oferecidas pelo Carnaval, foram ocupando esse espaço de festa com seus ritmos, seus cantos e suas danças. E é justamente na perspectiva da procedência dessas contribuições que podemos entender o Carnaval como festa popular – a maior do país. Nesse sentido, não é difícil constatar, por exemplo, como folguedos vinculados ao ciclo natalino foram cada vez mais atraídos para sua área de influência.

Na riqueza das manifestações do Carnaval brasileiro, destaca-se o Carnaval carioca, cujo modelo se impõe a todo o país em função de suas escolas de samba. Estruturadas desde o fim dos anos 1920, elas constituem a extraordinária criação de grupos proletários negros que, desde o início do século passado, já faziam seu carnaval ao som do samba pelas ruas da cidade, que se urbanizava e mudava de cenário. A resposta da comunidade negra se deu pela fixação do samba como expressão musical urbana e pela criação das "escolas".

---

[1] Alceu Maynard Araújo, *Folclore nacional*, v. 1: *Festas, bailados, mitos e lendas* (São Paulo, Melhoramentos, 1964), p. 20.
[2] Ibidem, p. 217.

Descendo dos morros e dos subúrbios da cidade, elas acabaram por conquistar a hegemonia do Carnaval carioca.

Mas este último apresenta outra face que, nos subúrbios e na zona rural, revela a existência de folguedos que também resultam de toda uma criatividade popular: o Carnaval dos clóvis (também chamados bate-bolas), mascarados que trajam amplos pijamas de cetim colorido e percorrem as ruas batendo fortemente no chão com bexigas de ar; os blocos de sujos e de mascarados; os bailes de rua (que são fechadas ao tráfego para que os foliões do bairro possam brincar).

Se na capital paulista predominam as escolas de samba, no interior toda uma fauna de armação (tatus, camelos, tigres, leões etc.) vai às ruas passear ou dar alguns passos de dança, lembrando os cordões de bichos da Amazônia. Enquanto isso, em Santa Catarina, o boi de mamão também faz seu carnaval, ao passo que, no Rio Grande do Sul, são cavaleiros mascarados que desfilam.

Na Bahia, a *mi-carême* francesa só conseguiu se manter porque se transfigurou na micareta bem brasileira de Feira de Santana. Em Salvador, o "carnaval africano", dos Africanos em Pândega, do Papai da Folia, dos Congos da África e de tantos outros afoxés que deixaram saudades continua presente nos famosos Filhos de Gandhy ou no jovem Badauê. Mas a grande renovação ocorreu em meados dos anos 1970, quando, numa superação dos blocos de índio, surgiram os blocos afro, como o Ilê Aiyê, o Olodum, o Malê Debalê e tantos outros; atraindo milhares de jovens para seu "Carnaval ijexá", eles acrescentam uma nova forma de africanidade ao Carnaval baiano, influenciando-o de maneira decisiva. Os afoxés, no passado, estenderam sua influência a outros estados, estimulando a criação de grupos similares; no Rio de Janeiro, por exemplo, foi criado o Afoxé Filhos de Gandhy (que, nos dias de hoje, participa da abertura oficial do Carnaval carioca) e, em Fortaleza, o Afoxé Olodumaré. Com os blocos afro acontece o mesmo na atualidade; São Paulo e Rio de Janeiro também têm organizações que se inspiram no modelo baiano, como é o caso do Grupo Afro Agbara Dudu, na capital carioca.

O Carnaval pernambucano é o que oferece mais alternativa, dada a variedade de suas formas: maracatus, caboclinhos, clubes de frevo, troças, bumba meu boi, cordões, turmas, cabeções etc. Os tradicionais maracatus africanos ou nações constituem sua manifestação mais atraente, em virtude da beleza e do caráter totêmico de seus cortejos. A Nação de Leão Coroado, uma das mais famosas do Recife, estendeu-se até Fortaleza e ali estabeleceu o mesmo tipo de cortejo, com a criação do Maracatu Dois de Paus. Quanto aos maracatus rurais ou de orquestra, sua beleza se configura na presença e na coreografia dos "caboclos de lança" e dos "caboclos de pena" (estes últimos aparecendo também nos cortejos das nações).

Os caboclinhos, ou cabocolinhos, são grupos de pessoas "escuras" vestidas de índio, que correm, pulam e dançam, dramatizando as lutas indígenas. Sua característica mais importante está no som ritmado das "preacas" (instrumentos de percussão que consistem num arco e numa flecha ligados por um cordel), que se sobressaem na orquestra de flautas, maracás e taróis. Canindés, carijós, tabajaras e tantos outros grupos de caboclinhos não devem ser confundidos com aqueles que pertencem a outra forma de Carnaval recifense: os tribos de índio. Os caboclinhos do Recife também têm seus similares em grupos que aparecem nos carnavais de Diamantina e Rio de Janeiro.

Outra forma característica do Carnaval pernambucano é o frevo: a música e o passo. A música do frevo é resultado da fusão de diversos gêneros musicais (maxixe, polca, quadrilha, modinha etc.), executados em andamento acelerado pelas bandas de música. Quanto ao passo, suas origens estão nas configurações das capoeiras à frente dos desfiles das bandas militares, na segunda metade do século XIX. Como havia conflito entre os grupos que se desafiavam, os capoeiras procuravam apurar-se nos passos do jogo-luta que acabaram por também nomear os da dança: tesoura, voo de andorinha, pernada, dobradiça, corrupio etc. O frevo (de "frevê", forma popular do verbo "ferver") ultrapassou os limites do Carnaval pernambucano; a visita de um dos seus mais famosos clubes a Salvador, o Vassourinhas, acabou por dar origem aos trios elétricos do Carnaval daquela cidade.

Pelo exposto, constatamos que é dessa extraordinária e dinâmica interação de anônimos segmentos populares que o Carnaval retira sua legitimidade de maior festa popular do Brasil. Pois é criando e recriando novos folguedos e abandonando outros, num acompanhar atento das mudanças na sociedade abrangente, que esses segmentos o sustentam e o mantêm como um complexo vivo e marcante de toda a nossa cultura.

Semana Santa, Ouro Preto-MG (c. 1990). **Foto de Walter Firmo.**

QUARESMA

Período que se estende da Quarta-Feira de Cinzas ao Domingo de Páscoa, a Quaresma assume o caráter de penitência que rememora o jejum efetuado por Jesus Cristo nos quarenta dias que antecederam o início de suas pregações.

O fato folclórico que tipifica esse período, tão carregado de mistérios para a imaginação popular, é o ritual da recomenda, ou recomendação, das almas. Procedente de práticas religiosas medievais, a recomenda chegou a nós pelos portugueses. Consiste num cortejo que, em certos dias da quaresma, sai à rua por volta da meia-noite. Os recomendadores cobrem-se com lençóis brancos que só permitem visualizar seus olhos e suas mãos e, tocando instrumentos exorcistas como o berra-boi e a matraca, pedem orações pelos que morreram de morte não natural, para que essas almas encontrem o repouso eterno. Detendo-se diante de cruzeiros, igrejas e casas de parentes desse tipo de mortos, o cortejo encerra sua peregrinação na porta do cemitério. Acreditando que as almas também participam da procissão, as pessoas não abrem portas ou janelas para não as ver; caso contrário, os efeitos seriam terríveis. Restringindo-se a zonas rurais do Centro-Sul, essa manifestação tende à extinção.

Semana Santa

Consistindo nos últimos dias da Quaresma, a Semana Santa explicita um conjunto complexo de práticas culturais em que muitas não só coincidem com ritos vinculados aos cultos de Átis, Adônis e Dionísio, como remetem a rituais egípcios caracterizados pela suspensão temporária da rotina cotidiana e das funções administrativas[1]. Por sua vez, a festa do Fogo Novo, realizada a 1º de março em Roma e que se caracterizava pela extinção e renovação total de todos os fogos, está presente na liturgia católica e na prática popular de queima de Judas. Mas são os textos evangélicos os inspiradores da maior parte dos hábitos e dos costumes que se expressam no decorrer dessa semana.

Entre as práticas que caracterizam esses dias voltados para o sagrado, destacam-se: a crença nos poderes mágicos e curativos da palma benta na missa do Domingo de Ramos; a mudança de hábitos alimentares, com a abstenção de uns e a incorporação de outros alimentos, pouco ingeridos no resto do ano; a crença de que a prisão de Cristo, no entardecer da Quinta-Feira Maior, desencadeia repentina liberação das forças do mal. Em consequência, uma série de prescrições estabelece o que deve ou não ser feito, sobretudo na Sexta-Feira Santa. No conjunto, essas prescrições remetem à alternativa sorte/azar.

O serra-velha, prática conhecida há dois séculos, consiste no fato de um grupo de pessoas serrar um pedaço de madeira, soltando gritos e gemidos, diante da casa de velhas reconhecidas como faladeiras; a reação das vítimas varia de acordo com a intensidade de sua irritação. Outra manifestação típica do período é o dia da malvadeza, que se caracteriza por uma série de atos praticados na calada da noite da Quinta-Feira Maior: soltam o gado, enxotam galinhas, escondem charretes, batem em cães etc. Os furtos da Sexta--Feira Santa são bastante populares em todo o país e caracterizam

---

[1] Rossini Tavares de Lima, *Folclore das festas cíclicas: Carnaval, Semana Santa, Festa de Santa Cruz, São João, Natal* (São Paulo, Irmãos Vitale, 1971).

o período da impunidade reinante enquanto Jesus está morto: roubam-se principalmente aves nos quintais para serem saboreadas no Sábado de Aleluia, durante o almoço do pato (vítima de roubo). A procissão do enterro ou do Senhor Morto é o cortejo fúnebre que sai da igreja local e percorre as ruas da cidade, levando um esquife com uma imagem de Jesus Cristo. Realiza-se após a cerimônia litúrgica da descida da cruz, que ocorre por volta das três horas da tarde, na Sexta-Feira da Paixão. São famosas as procissões de Ouro Preto e Diamantina, em Minas Gerais.

A malhação de Judas é tradição popular em toda a América Latina, desde a época colonial. Vale notar que esses bonecos de pano, recheados com capim, papel ou trapos, não são apenas malhados, mas também queimados – isso nos remete ao já citado ritual do fogo novo, que se vinculava a cultos agrários. A malhação e a queima ocorrem na tarde do Sábado de Aleluia, com a presença de crianças e adultos, homens e mulheres, que participam entusiasticamente dessa pancadaria ritual. A malhação/queimação na cidade de Itu, São Paulo, é famosa em todo o país.

Foliã tocando cuíca,
desfile das escolas de samba,
Rio de Janeiro-RJ (c. 1977).
Foto de Januário Garcia.

Bateria da Mocidade
Independente de Padre Miguel,
Rio de Janeiro-RJ (1977).
Foto de Januário Garcia.

Mestre-sala da Mangueira desfilando no Sambódromo, Rio de Janeiro-RJ (1982). **Foto de Walter Firmo.**

Carnaval de rua,
Rio de Janeiro-RJ (1977).
Foto de Walter Firmo.

Desfile das escolas de samba,
Rio de Janeiro-RJ (c. 1977).
Foto de Januário Garcia.

Integrantes de escolas de samba, Rio de Janeiro-RJ (c. 1980).
Foto de Maureen Bisilliat.

Sambódromo, Rio de Janeiro-RJ (1968).
Foto de Walter Firmo.

Desfile das escolas de samba,
Rio de Janeiro-RJ (c. 1977).
Foto de Januário Garcia.

Desfile das escolas de samba,
Rio de Janeiro-RJ (c. 1977).
Foto de Januário Garcia.

Carnaval,
Rio de Janeiro-RJ (c. 1970).
Foto de Walter Firmo.

Desfile das escolas de samba,
Rio de Janeiro-RJ (s/d).
Foto de Januário Garcia.

Desfile das escolas de samba,
Rio de Janeiro-RJ (s/d).
Foto de Januário Garcia.

Na página seguinte
Foliões de bloco carnavalesco,
Cachoeira-BA (1972).
Foto de Maureen Bisilliat.

Na página anterior
Mestre Marçal (c. 1980),
Rio de Janeiro-RJ.
Foto de Walter Firmo.

Foliã da Beija-flor
de Nilópolis,
Rio de Janeiro-RJ (1978).
Foto de Januário Garcia.

Integrante de bateria no
desfile das escolas de samba,
Rio de Janeiro-RJ (c. 1977).
Foto de Januário Garcia.

Carnaval,
Salvador-BA (c. 1964).
Foto de Marcel Gautherot.

Carnaval,
Salvador-BA (c. 1964).
Foto de Marcel Gautherot.

Foliões da Mangueira,
Rio de Janeiro-RJ (c. 1977).
Foto de Januário Garcia.

Ala das baianas
da Beija-flor de Nilópolis,
Rio de Janeiro-RJ (1977).
Foto de Januário Garcia.

Semana Santa,
Ouro Preto-MG (c. 1990).
Foto de Walter Firmo.

Recomendação das almas, Semana Santa, Ouro Preto-MG (c. 1990). **Foto de Walter Firmo.**

Festa de São João, Caruaru-PE (c. 1980). Foto de Walter Firmo.

FESTAS JUNINAS

Estamos diante de um ciclo que expressa, de maneira mais evidente, quanto os elementos arcaicos do paganismo alimentam as manifestações mais populares do cristianismo. No caso, é com os ritos do fogo que nos defrontamos, sobretudo no que diz respeito à festa mais importante do período, a de São João. Como sabemos, o fogo se relaciona com as celebrações do solstício de verão e com os cultos aos deuses-símbolo da fecundação do hemisfério Norte. Cultos agrários em que a presença da fogueira votiva anunciava a aproximação das colheitas e a proteção contra as forças negativas da peste, da esterilidade e da ausência de chuvas. E, mais uma vez, são os anônimos setores populares da colonização portuguesa que trazem tais celebrações, já revestidas de aspectos católicos, para o Brasil.

Os pontos de referência do ciclo junino são as festas em homenagem a Santo Antônio, São João e São Pedro, cujas datas respectivas são 13, 24 e 29 de junho. O culto inicialmente dedicado a São João, como na península Ibérica, foi reinterpretado e enriquecido no Brasil com a contribuição de elementos indígenas e afro-negros do sistema jeje-nagô. Vale ressaltar que a preeminência da festa de São João vincula-se ao fato de que seu dia corresponde ao do solstício de verão, no hemisfério Norte, e de inverno, no hemisfério Sul. Portanto, aqui também temos o início das colheitas, sobretudo de milho. E, se atentarmos para o significado das colheitas nos ciclos da vida econômica de povos agrários, compreenderemos que tais festejos se caracterizam por uma forte explosão dos sentidos, sintetizada na associação crença-lazer-alimentação, de remotas origens pagãs. Por isso mesmo, o comer, o beber, o dançar, o namorar são aspectos marcantes da festa de São João. Que se atente, por exemplo, para a forte tendência sexual que se explicita nos ritos e no jogo dessas celebrações em torno da fogueira.

Enquanto os outros santos são apresentados na iconografia como adultos, São João Batista figura como menino de cabelos encaracolados cuja festa se realiza na noite que antecede seu dia. Reza a tradição que, sendo fogueteiro e amante do ruído e do estrondo dos fogos, sua mãe, Isabel, adormece-o de propósito, temendo que ele participe entusiasticamente dos festejos e acabe por incendiar o mundo.

A fogueira, elemento fundamental dos festejos, exige uma série de requisitos de preparação, armação e queima. As madeiras preferidas – pinho, peroba, maçaranduba – queimam com facilidade e dão boas brasas (vale notar que o cedro é evitado porque dele teria sido feita a cruz de Cristo). Pedaços de bambu são colocados para que estourem ao queimar. Sua armação visa a diferentes formas: piramidal, quadrada, redonda, cônica etc. Quanto mais alta, maior o prestígio de quem a armou (o dono da festa). Costuma ser acesa logo após o levantamento do mastro pelo festeiro. Este último deve ser de madeira de lei, tendo no topo a bandeira do santo; geralmente, mastro e bandeira são enfeitados com flores, frutas, ervas aromáticas e cereais. Rememoração de cultos agrários, esse tipo de oferenda ao santo visa à proteção dos produtos da terra.

Os fogos constituem outra característica essencial dos festejos juninos; segundo alguns autores, o carvão e os estampidos objetivam o afastamento ou a destruição de forças maléficas (como a pólvora, que, em certos rituais afro-brasileiros, é usada com o mesmo objetivo). Daí o foguetório que espouca pelos quatro cantos do país na forma de bombas, rojões, busca-pés, estrelinhas, chuvas de prata, chuveirinhos, rodinhas, estalinhos etc. A figura do fogueteiro, que preparava os fogos artesanalmente, quase desapareceu do cenário dessas festas.

Os balões também são elemento indispensável das festas juninas. O momento de sua soltura significa o auge da festa: afinal, com os balões, sobem os pedidos feitos ao santo. Produzidos artesanalmente em todo o país, sua confecção é das mais simples. Exceto no Rio de Janeiro, onde se apresenta bastante sofisticada, dada a especificidade dessa manifestação. Nos bairros da Zona Norte da cidade, as turmas de baloeiros confeccionam balões de até trinta metros de altura, cuja forma inspira-se nos mais diversos temas, constituindo peças de rara beleza. Incidindo com mais frequência na época junina, os balões cariocas, no entanto, ultrapassaram os limites do ciclo, podendo aparecer em qualquer época, como parte de celebrações de caráter religioso, social ou político. Cumpre ressaltar que os grupos de baloeiros vivem em constantes escaramuças com a polícia, que tenta reprimir sua prática. Todavia, em vez de se intimidar, eles se sentem estimulados por um desafio maior: o aperfeiçoamento da arte de fazer balões e das táticas para poder lançá-los.

Bumba meu boi,
São Luís-MA (1978).
Foto de Maureen Bisilliat.

BUMBA MEU BOI

A representação do boi mítico, de sua morte e sua ressurreição constituem um tema universal, procedente de antigos cultos a divindades propiciadoras da fertilidade. E, desses cultos, o mais recuado historicamente é, sem dúvida, o do boi Ápis egípcio, que se difundiu na Europa via Grécia e Roma, integrando-se nas mais diversas elaborações mitológicas. Essa universalidade temática se presentifica no folguedo brasileiro. Arthur Ramos nos lembra o totemismo do boi, tão disseminado entre os bantos africanos[1]. Câmara Cascudo nos remete às tourinhas portuguesas, onde encontramos o mesmo boi cômico artificial da festa brasileira.

Mas o essencial é que os procedimentos dinâmicos da reinterpretação cultural adaptaram o folguedo ao universo simbólico do povo brasileiro, recriando-o a partir de seus diversos componentes culturais. É nesse sentido que podemos afirmar ser o bumba meu boi um auto popular afro-luso-americano com presença manifesta

---

1 Arthur Ramos, "A sobrevivência totêmica: o ciclo do boi", em *O folclore negro do Brasil: demopsicologia e psicanálise* (2. ed. Rio de Janeiro, Casa do Estudante do Brasil, 1954), cap. IV, p. 94-117.

na extensão territorial do país e, em consequência, na diversidade de termos que o designam: do boi-bumbá, boi-surubi, boi-calemba, boi de reis e tantos outros no Norte e no Nordeste ao boi de mamão de Santa Catarina e ao boizinho do Rio Grande do Sul.

Em sua versão mais conhecida, a composição dramática do auto conta a história da escrava Mãe Catirina, mulher de Pai Francisco, que, grávida, deseja comer a língua do boi mais bonito da fazenda de um rico proprietário. Com a complacência do capataz, o boi é roubado e morto. A notícia se espalha, a revolta é geral, e o dono do boi manda prender Pai Francisco. Por intervenção mágica de feiticeiros, o boi ressuscita, o culpado é perdoado, e tudo termina com muita festa em honra do boi redivivo.

O personagem central do bumba não é um boi real, mas boi de armação, cujo dorso é feito com ripas de madeira leve, envolto por uma cobertura, o "couro", que comumente é de tecido, trabalhado ou não. Apenas a cabeça provém da carcaça de um boi real. No interior da armação, coloca-se um homem, responsável pelas evoluções da dança do boi. Vale notar que, em termos da criatividade de uma estética popular, o couro dos bois maranhenses destaca-se pela plasticidade expressa na delicadeza de seu bordado.

Quanto aos demais personagens, possuem função e número tão variados quanto permite a imaginação criadora daqueles que promovem o folguedo. Todavia, podemos classificá-los segundo as seguintes categorias: humanos (Catirina, Francisco ou Mateus, doutores, vaqueiros, caboclos, galantes, arlequim, pastorinha etc.), animais (burrinha, ema, cavalo-marinho, urso, urubu, jacaré, bode, veado, cachorro, loba etc.) e fantásticos (caipora, bicho folharal ou cazumba, jaraguá, bernúncia etc.). Além disso, não podemos deixar de registrar os cabeções (Mancota, Dengoso, Saborosa, Melindrosa etc.), enormes bonecos de vários metros de altura e cuja cabeça é modelada em massa de papel. Desse imenso painel de personagens, o Mateus, a Catirina (sempre um homem vestido de mulher) e o vaqueiro são os responsáveis não só pela dramatização do auto, como por sua comicidade – sobretudo o primeiro, que se destaca pela improvisação nas falas e pela criação de situações embaraçosas, além de ser figura essencial na morte do boi.

Quanto à época de apresentação do bumba meu boi, predominam aquelas dos ciclos natalino e junino. Vale notar que em alguns casos ocorre uma dupla apresentação: junho e dezembro (como no Piauí) e, principalmente, ciclo natalino e Carnaval. Neste último, o que predomina é a presença de maior ou menor número de personagens (boi inclusive) formando o cortejo. Na medida em que o auto do boi tem como primeiro referencial histórico a região nordestina da criação de gado, observa-se que sua apresentação é mais dramática no Norte e no Nordeste (já no Sul, onde os trajes são mais pobres e as danças mais leves, o auto seduz principalmente a meninada – a tal ponto que existe um boi de mamão de crianças em Santa Catarina). E é justamente num estado daquela região que vamos encontrar as mais belas apresentações do folguedo: o bumba meu boi do Maranhão, como as cavalhadas de Pirenópolis, destaca-se por uma expressividade estética sem concorrentes. Apesar de terem em comum o fato de serem folguedos populares presentes em quase todo o território nacional, existe uma diferença básica entre um e outro: é a efetiva participação das classes populares que contribui para o brilho do bumba meu boi maranhense.

Bumba meu boi no Maranhão

É certo que o folguedo, no decorrer do ciclo do gado, foi trazido por escravos negros procedentes da Bahia. E, graças à dinâmica do processo folclórico, recebeu novos elementos, que acabaram por diferenciá-lo da brincadeira do boi da região nordestina açucareira. Todavia, conservou diversos elementos comuns, sobretudo no que se refere à temática e aos personagens.

No bumba meu boi maranhense, não existe, por exemplo, a inflação de animais que caracteriza os outros grupos do Nordeste. Nele, a ema e a burrinha são os mais frequentes. Ausente nos dias de hoje, a caipora aterrorizava e ao mesmo tempo atraía as crianças.

A boneca Melindrosa, com seus quase três metros, também marca presença no folguedo. Quanto aos personagens humanos, eles são, basicamente, os amos (donos do boi), os vaqueiros, Pai Francisco, Mãe Catirina, os cazumbas, os caboclos reais ou tapuias e os não rajados (extras, que não se fantasiam). Os numerosos acompanhantes do cortejo têm papel fundamental na medida em que lhes cabe a sustentação do canto e do ritmo, mediante a percussão de instrumentos como pandeirões, zabumbas, tinideiras, pandeiros, matracas etc. Durante todo o mês de junho, podendo estender-se até agosto, sucedem-se as funções do boi nas ruas não só de São Luís, mas de Rosário, Guimarães, Curupuru e Axixá.

Desenvolvendo-se por quase duas horas, a apresentação do auto se divide nas seguintes partes: o guarnicê (guarnecer), espécie de chamada geral efetuada perto do local onde o boi se exibirá; a chegada; o elogio do boi e a louvação a São João e a São Pedro; o auto propriamente dito; e a ruidosa e festiva despedida. Ressalte-se a expressividade poética de alguns cantadores, homens humildes do povo, na improvisação das toadas ou das matanças em linguagem própria do folguedo.

Todavia, o aspecto mais atraente do folguedo está na indumentária dos brincantes e no próprio boi, cujos couros constituem um capítulo à parte: lavrados em veludo negro com miçangas, canutilhos, lantejoulas e pedrarias, são verdadeiros mosaicos em que cenas religiosas ou profanas aparecem representadas numa exuberante combinação de cores de grande efeito decorativo. O boi que se preza deve possuir dois couros, no mínimo. Quanto a chapéus e peitorais ostentados pelos vaqueiros, constituem peças especiais suntuosamente decoradas com vidrilhos e contas. Os trajes, por sua vez, exigem centenas de metros de fitas coloridas e de cetim. Em certos grupos, os cocares dos tapuias, que são confeccionados com penas de ema pintadas, chegam a pesar entre oito e dez quilos. Ressaltem-se também, em alguns conjuntos, as extraordinárias máscaras exibidas pelos cazumbas, produzidas artesanalmente com todo tipo de material.

Cumpre ressaltar que os brincantes, em sua quase totalidade, são pessoas humildes, de modesta condição econômica. Daí o caráter surpreendente da riqueza dos trajes e do dispendioso material dos couros do boi; sobretudo quando se leva em conta a indiferença das autoridades, que reflete na inexpressiva ajuda oficial que não chega a cobrir o mínimo de despesas de um grupo de bumba meu boi. A festa, no entanto, contribui para os cofres públicos, na medida em que atrai grande número de turistas procedentes de outros pontos do país.

Se o bumba meu boi ocupa lugar de destaque no quadro do folclore brasileiro, isso acontece porque, ao se adaptar às circunstâncias de lugar e tempo, ele demonstra um extraordinário vigor e uma especial maleabilidade. Cumpre ressaltar que, por isso mesmo, o bumba meu boi foi levado para a África, com todas as suas características brasileiras. Levado da Bahia para a cidade de Lagos, na Nigéria, por ex-escravos que para lá retornaram após a abolição da escravatura. Vale notar que, enquanto "brasileiros", seus descendentes não deixaram morrer uma tradição que lhes diz respeito.

Cavalhada, Pirenópolis-GO (1995).
Foto de Walter Firmo.

CAVALHADAS

As cavalhadas são um folguedo popular procedente da península Ibérica; lá elas exerciam a função de realçar as festas de caráter religioso, político ou guerreiro. Sua origem, no entanto, está nos torneios medievais que serviam de entretenimento para os cavaleiros nos intervalos das guerras. No Brasil, teriam função semelhante às de suas similares ibéricas. Tanto que, nos dias de hoje, vamos encontrá-las vinculadas a festas religiosas de caráter local ou geral, como a Festa do Divino. Um aspecto interessante das cavalhadas é que, apesar do folguedo popular, elas sempre foram patrocinadas pelas elites; aqui, são mantidas por proprietários rurais. Todavia, a dificuldade de acesso à categoria de componente do folguedo não impede que a participação popular seja sempre entusiasmada, tanto nos preparativos quanto na apresentação.

Como acontece com os outros folguedos, as cavalhadas não se apresentam de maneira uniforme nas macrorregiões onde são realizadas. No Nordeste, o jogo da argolinha nas disputas equestres é sua característica fundamental. Já no Sul, a dramatização da luta entre mouros e cristãos é que marca a diferença. Alagoas e Goiás, respectivamente, efetuam cavalhadas que são excelentes modelos das duas formas.

O jogo dos doze pares

Em sua excelente descrição do folguedo em Alagoas, Théo Brandão nos diz que os cavaleiros que dele fazem parte são sempre em número de doze e que seus nomes correspondem aos dos legendários doze pares de França[1]. Todavia, só seis deles têm nomes especiais para funções específicas: matinadores (os dois primeiros), amarra-cordas (os dois seguintes) e cobridores (os dois últimos). O primeiro matinador é a figura mais importante, uma vez que não somente encabeça uma das fileiras, como também é quem dirige os ensaios e conduz o torneio. Aos amarra-cordas cabe a tarefa de, no começo das corridas, amarrar a corda que, esticada entre dois postes, segura a garra da argolinha. Quanto aos cobridores, eles são encarregados da cobertura da equipe. Esses seis cavaleiros têm que ser os melhores na arte equestre, dadas as funções que exercem. Além do conjunto dos cavaleiros, existem dois escudeiros respectivamente encarregados de oferecer e receber a lança de cada cavaleiro no início e no fim da pista; na marcha inicial do torneio, eles conduzem os estandartes azul e vermelho que simbolizam os dois grupos que vão competir. Outro elemento essencial, que precede os cavaleiros nos desfiles de visita à igreja e anima as corridas, é a banda regional conhecida como Terno de Zabumba ou Esquenta-Mulher.

A indumentária dos cavaleiros consiste num blusão acetinado azul ou vermelho, calça branca, casquetes que acompanham a cor do blusão, botas pretas, faca e esporas de prata e lenço branco encaixado no blusão. Os cavalos apresentam-se ricamente ajaezados com peitoral de guizos, moedas e medalhas de prata. O cenário do torneio é uma praça de chão batido transformada em pista; os postes com a corda da argolinha são colocados na parte central. O jogo se desenvolve em três partes: visita à igreja, corrida da argolinha e escaramuças. Quando não há igreja ou capela no local, improvisa-se um altar numa barraca de palha; ali coloca-se o santo da festa,

---

[1] Théo Brandão, *Cavalhadas de Alagoas* (Rio de Janeiro, MEC/Funarte, 1978). Cadernos de Folclore, n. 24.

trazido da igreja mais próxima. Posicionando-se numa extremidade da pista, os cavaleiros se preparam para o início da corrida da argolinha. Um dos escudeiros entrega a lança a cada cavaleiro (alternadamente do grupo azul ou vermelho), e este tenta retirar a argolinha na ponta de sua lança, com o cavalo em disparada. Cabe ao primeiro matinador iniciar a corrida. Sucesso e fracasso são respectivamente saudados com música animada da banda e gritos entusiásticos da plateia ou com toques desafinados e grande vaia. O cavaleiro bem-sucedido dirige-se, então, à comissão julgadora e, em seguida, recebe os prêmios (fitas, cortes de fazenda), que são colocados na lança ou sobre seu corpo. Só então ele retira a argola da lança. Seis voltas caracterizam a corrida; na última, os cavaleiros apenas tocam a argola com a lança.

Se na corrida da argolinha os cavaleiros demonstram habilidade no manuseio da lança, nas escaramuças exige-se deles a destreza no domínio e no comando dos cavalos. Isso acontece tanto na corrida de parelhas quanto nas complicadas manobras conhecidas como oitos e noves, zeros e biscoitos. Na retirada, os cavaleiros desfilam em honra ao santo da festa (havendo procissão ou não). É então que os matinadores agradecem aos companheiros de seu grupo. Nos últimos anos, tem sido comum, em Maceió e no Recife, a apresentação de cavalhadas durante exposições pecuárias.

O drama de duas cores

As cavalhadas de Pirenópolis, em Goiás, são o modelo por excelência do folguedo dramático no gênero. Ao mesmo tempo, é muito antiga sua vinculação com a Festa do Divino, diz-nos Carlos Rodrigues Brandão em brilhante estudo[2]. É no decorrer desta última que elas se realizam, por um período de três dias. Um aspecto por demais

---

2 Carlos Rodrigues Brandão, *Cavalhadas de Pirenópolis: um estudo sobre representações de cristãos e mouros em Goiás* (Goiânia, Oriente, 1974).

interessante do folguedo, e que lhe imprime grande originalidade, é a presença de cavaleiros mascarados que desfilam pelas ruas da cidade já no primeiro dia da função. Jovens da cidade ou procedentes de fazendas vizinhas, eles formam grupos alegremente coloridos em que não só as roupas se destacam. Os figurinos se complementam com máscaras de papelão que representam uma cabeça de boi com chifres cobertos de flores de papel. Durante os três dias, esses mascarados não devem ser identificados nem mesmo pelos parentes. Todavia, não se organizam para realizar um folguedo especial; o prazer da diversão parece ser o único motivo de sua presença não só na cidade, mas no campo das cavalhadas, onde se apresentam nos intervalos da função. Seus cavalos também são enfeitados com fitas e flores coloridas.

Quanto aos componentes das cavalhadas, dividem-se em duas alas: a dos mouros e a dos cristãos – cada uma delas constituída por um rei, um embaixador e dez cavalheiros. O cenário das lutas assemelha-se a um campo de futebol circundado por pequenos palanques decorados com panos coloridos e construídos a mando das famílias mais abastadas.

Se os mascarados se destacam pelo colorido, os cavaleiros dos dois partidos impressionam pelo luxo e pelo requinte na confecção de seus trajes vermelhos (mouros) e azuis (cristãos): veludo, rendas, arminho, canutilhos, paetês, miçangas, fios de prata e ouro. Também os animais são bastante enfeitados com medalhas, guizos, fitas e flores. As armas usadas pelos cavaleiros são a lança, a espada e a pistola.

No lado correspondente aos cristãos, finca-se uma árvore onde se abriga o onça, personagem mascarado que, imitando os movimentos do animal, representa o espião dos mouros. Num palanque especial, a banda anuncia a entrada solene dos cavaleiros, dando início à função. Primeiros a entrar galopando, os mouros percorrem o campo e se alojam em seu lado, o castelo dos mouros. O toque diferente da banda anuncia os cristãos, que procedem do mesmo modo e se dirigem para o lado oposto, o castelo dos cristãos. Descoberto pelo vigia cristão, o onça é morto após troca de tiros e retirado do campo. Depois do reconhecimento da praça pelos dois grupos, inicia-se a dramatização com as embaixadas, seguidas do arrazoado. Nas primeiras, as tentativas de entendimento são feitas pelos embaixadores, enquanto no segundo são os reis que as efetuam. Inutilmente. Segue-se a declaração da guerra, caracterizada pelas carreiras ou manobras, em que cada grupo trata de demonstrar sua superioridade mediante eficiência e habilidade no desempenho.

Somando um total de 24, que se distribuem pelas três tardes, as carreiras ou manobras recebem nomes especiais, cada uma delas correspondendo a um tipo de coreografia equestre que exige grande perícia dos cavaleiros. A apresentação se encerra com a vitória dos cristãos e a conversão obrigatória dos mouros. Terminada a dramatização, a cavalhada assume o caráter de jogo, com as corridas da argolinha e cabecinhas. Plateia silenciosa e atenta à encenação teatral, a assistência agora se transfigura em duas torcidas que, como num jogo de futebol, vibram pelas cores de sua equipe. Gritos, vaias, além de forte expressão corporal, caracterizam o entusiasmo da participação. As corridas da argolinha são iguais às de Alagoas (e do resto do país), descritas na seção anterior. Quanto às cabecinhas, sua estrutura não é diferente: cabeças humanas de papelão são distribuídas pelo centro e pelas laterais do campo e fixadas sobre troncos de bananeiras. Cabe aos cavaleiros, como nas argolinhas, furá-las ou retirá-las com suas lanças (primeira volta) para, então, decepá-las com suas espadas (terceira volta). O espetáculo termina com os valeiros dando uma volta no campo, ao som da banda. Como vimos no caso de Alagoas, aqui também a banda tem por função a sustentação da festa, exercida na marcação do ritmo das corridas e no preenchimento dos intervalos das lutas.

Cumpre ressaltar que a presença dos cavaleiros mascarados acabou por motivar o desenvolvimento de ativo artesanato de máscaras por parte de artesãos especialmente habilitados.

Festa de São João,
Caruaru-PE (c. 1980).
Foto de Walter Firmo.

Subida dos balões por grupos
de baloeiros concorrentes (s/d).
Foto de Carlos Eduardo de Morais.

Balão de São João (s/d).
Foto de Carlos Eduardo de Morais.

Bumba meu boi,
São Luís-MA (s/d).
Foto de Walter Firmo.

Bumba meu boi,
São Luís-MA (1978).
Foto de Maureen Bisilliat.

Bumba meu boi,
São Luís-MA (1978).
Foto de Maureen Bisilliat.

Festa de São João,
Salvador-BA (1980).
Foto de Walter Firmo.

Bumba meu boi,
São Luís-MA (s/d).
Foto de Walter Firmo.

Bumba meu boi,
São Luís-MA (1994).
Foto de Walter Firmo.

Na página seguinte
Festa de São João,
São Luís-MA (1978).
Foto de Maureen Bisilliat.

Bumba meu boi, São Luís-MA (1994). **Foto de Walter Firmo.**

Cavalhada,
Pirenópolis-GO (c. 1980).
Foto de Walter Firmo.

Cavalhada,
Pirenópolis-GO (c. 1980).
Foto de Walter Firmo.

Cavalhada,
Pirenópolis-GO (1995).
Foto de Walter Firmo.

Mãe Filhinha e Isaltina,
da Irmandade da Boa Morte,
Cachoeira-BA (1972).
Foto de Maureen Bisilliat.

FESTAS AFRO-BRASILEIRAS

Aqui, mais que em qualquer outro lugar, a noção de "deus em nós" confere plenitude ao significado de festa. As festas afro-brasileiras são o efeito simbólico de um extraordinário esforço de preservação de formas culturais essenciais trazidas de outro continente e que, aqui, foram recriadas sob condições as mais adversas. Afinal, a população negra não veio para o Brasil como imigrante, mas como escrava.

A violência da escravidão caracterizou-se não só pela ruptura dos referenciais básicos da sociedade africana, como pela cuidadosa mistura das diferentes etnias, demonstrando grande eficácia na destruição das estruturas sociais. Aconteceu, porém, que os valores religiosos, tão essenciais nas civilizações africanas, foram resguardados pelos afro-negros brasileiros. Em seu processo de duplo ajustamento à sociedade brasileira, os escravos forjaram uma nova identidade que, de um lado, adaptava-se taticamente às exigências de obediência e fidelidade ao modelo dominante e, de outro, integrava-se de fato às formas de vida e de pensamento que iam sendo elaboradas por sua própria comunidade.

Por meio desse processo de resistência/acomodação, os escravos foram atuando nos espaços permitidos e recriando clandestinamente seus cultos e ritos, seus valores culturais, sob a forma inocente das "brincadeiras de negros", de folguedos, de batuques. Nesse sentido, as confrarias negras católicas desempenharam importante papel de mediação ideológica com o modelo dominante; afinal, a liberdade de associação legal que elas propiciavam permitiu o estabelecimento de contatos que remetiam a outros tipos de reunião. As irmandades do Rosário e de São Benedito, onde os bantos mais se concentravam, disseminaram-se por todo o país, seguidas de outras como as de Nossa Senhora da Boa Morte de Santa Ifigênia, Bom Jesus dos Marítimos, Nossa Senhora do Parto etc. Nas festas que promoviam, toda uma africanidade era mais ou menos rememorada, dependendo da região. Congadas, cacumbis, congos etc. exibem-se em diferentes meses do ano, na sequência do calendário católico.

Enquanto isso, e num nível diferente, os mesmos brincantes dessas festas vão estruturando sua religião africana, que de modo algum se inspira no modelo europeu (nem em um único modelo africano).

Os negros "aproveitaram as exteriorizações da religião católica para sobreviver com o próprio culto", declara Nunes Pereira, referindo-se aos mina-jejes do vodu maranhense e que pertenciam às confrarias de Nossa Senhora do Rosário e São Benedito[1]. Por isso mesmo, não podemos aceitar a ideia tão comum de que o sincretismo caracterizaria o sistema de crenças dos negros brasileiros. Acontece que, na medida em que as religiões católica e africana são dois sistemas fechados e paralelos que não referenciam aos mesmos valores, não existe contradição no fato de ser cristão e "animista" ao mesmo tempo: os princípios de realidade em que cada um dos sistemas se fundamenta são absolutamente distintos. Passemos agora às festas afro-brasileiras mais representativas.

---

[1] Nunes Pereira, *A casa das minas: contribuição ao estudo das sobrevivências do culto dos voduns, do panteão daomeano, no estado do Maranhão, Brasil* (Rio de Janeiro, Vozes, 1979), p. 152.

Auto dos congos ou congada

Sabemos que, já em Portugal, havia a coroação do rei do Congo, acompanhado de sua corte, no dia da festa do Rosário. Data do século XVII a primeira coroação de que se tem notícia no Brasil – e ocorreu no Recife. Do cortejo e da festa que se seguiam, originou-se o auto. Constitui uma apropriação dos autos populares ibéricos, reinterpretados de uma perspectiva negra, apresentando diferentes versões que variam de acordo com a região e a época (dos autos negros é o que mais se difundiu). A dramatização, no entanto, consiste essencialmente numa rememoração das cerimônias de coroamento de monarcas do Congo, das lutas entre os reinos daquela região e contra a presença do invasor português. Vejamos a versão tradicional que melhor explicita o tema.

Os personagens principais são o rei do Congo (dom Henrique Coriongo, em algumas versões), a rainha Jinga, o mameto (príncipe Suena, em outras versões) e o quimboto (feiticeiro); seguem-se o embaixador, príncipes, princesas, guerreiros e o capataz (mestre de cerimônias que faz a marcação rítmica das danças e dos cantos, sendo ele próprio dançarino e cantor).

O enredo assim se desenvolve: embaixada da rainha Jinga, junto à corte do rei do Congo. O mameto interfere e exige explicações do embaixador. A guerra é declarada, e o mameto morre em combate. Eis que o quimboto intervém e, por meio de cânticos e atos mágicos, ressuscita o mameto. Chega-se ao fim do auto com danças e cantos que expressam a alegria pela ressurreição do mameto.

A dramatização aponta para fatos e figuras históricas angolano-congolesas (rainha Jinga e dom Henrique), num texto carregado de expressões linguísticas africanas, bantos; tudo isso com uma abertura e um fecho católicos, em homenagem à Senhora do Rosário ou a São Benedito. As danças, os cantos e o instrumental, essencialmente percussivo, são de origem africana (inclusive a presença do falsete, tão comum nos cantos de outras festas populares).

Em outras versões, predomina o tema catequético da luta entre mouros e cristãos, com a presença ou a ausência de Carlos Magno (com quem o rei do Congo se identifica); ou, como no caso do ticumbi, acontece a luta entre dois reis (Congo e Bamba) que disputam o patrocínio da festa de São Benedito. A apresentação do auto dos congos, ou congada, ocorre nas festas de Nossa Senhora do Rosário e de São Benedito, no ciclo natalino, no dia do orago ou no dia 13 de maio.

Vale ressaltar que o auto dos congos acabou por se articular com outros, como caboclinhos, guerreiros e sobretudo bumba meu boi (em que o tema da morte-ressureição também é momento de fundamental importância). Além disso, desdobrou-se progressivamente nos congos, em que só permanece a coroação, e nas taieiras, com o tema da rainha.

Nesse contexto, as mudanças históricas ocorridas ao longo do século XIX também se fizeram sentir no interior da comunidade afro-negra, provocando efeitos significativos. Em primeiro lugar, e apesar da repressão policial, o aparecimento das comunidades-terreiro dos nagôs e, posteriormente, dos cultos bantos, deixando progressivamente a clandestinidade, acabam por assumir um espaço público e autônomo. Por sua vez, as confrarias negras entram em crise e num consequente processo de esvaziamento que se reflete nas festas por elas patrocinadas.

A articulação dinâmica entre esses dois fatos determinou um deslocamento das festas negras. As de religião africana, acontecendo num espaço próprio, abrem-se para um público cada vez maior, como se pode atestar, hoje, nas celebrações do 2 de fevereiro (Oxum e Iemanjá), do feijão de Ogum, da fogueira de Airá (Xangô), do alujá de Obaluaiê, dos Ibejis, de Iansã, da passagem de ano (Iemanjá) e tantas outras. Quanto àquelas que se davam sob a égide da religião católica, via irmandades, tornam-se profanas e, sem perder a ritualidade africana, deslocam-se para o Carnaval. No caso da congada, segundo Edison Carneiro, os cortejos reais transfiguram-se em maracatus e afoxés[2].

---

2 Edison Carneiro, "O folclore do negro", em *A sabedoria popular* (Rio de Janeiro, MEC/INL, 1957), p. 65-87.

Maracatus e afoxés

Esses dois cortejos possuem, na estreita ligação com os terreiros nagôs, sua característica comum essencial: os xangôs do Recife para os maracatus, e os candomblés de Salvador para os afoxés. Outros elementos comuns podem ser apontados.

Ainda assim, as diferenças também existem, a começar pela origem dos afoxés. Referindo-se a cortejos nigerianos, efetuados em celebração a Oxum (por ocasião do domurixá, ou seja, Festa da Rainha), Manuel Querino atribuiu-lhes grande influência sobre os afoxés do fim do século XIX[3]. Afinal, havia bastante semelhança nos dois tipos de cortejo, sem contar o aspecto carnavalesco. Mas Edison Carneiro, como já vimos, pensava de maneira diferente.

Maracatu e afoxé também foram exportados para outros centros, extrapolando suas cidades de origem. Fortaleza recebeu os dois, e o Rio de Janeiro, apenas o afoxé. É possível mesmo que um tenha exercido algum tipo de influência sobre o outro, conforme afirma Raul Lody, em pesquisa efetuada no terreiro do famoso Pai Adão, no Recife[4]. Procuraremos assinalar, aqui, sobretudo, as relações de similitude entre os maracatus africanos ou de nação (ou, ainda, de "baque virado") do Recife e os afoxés da Salvador do fim do século XIX. Vale notar que muitas vezes esses pontos de semelhança são marcados pela oposição, ainda mais se levarmos em conta o caráter matriarcal dos maracatus e patriarcal dos afoxés.

A presença do rei e da rainha

A oposição se dá na medida em que a rainha, no maracatu, é a figura dominante (à diferença do rei, que "pode ser mais claro", é fundamental que ela seja "bem preta"). Detendo posição de destaque na hierarquia do terreiro (geralmente é ialorixá), ela goza de grande prestígio social; dona Santa, a famosa rainha da nação Elefante, é, aqui, o grande modelo.

---

[3] Manuel Querino, *A raça africana e os seus costumes* (Salvador, Progresso, 1955).
[4] Raul Giovanni Lody, *Afoxé* (Rio de Janeiro, MEC/Funarte, 1976). Cadernos de Folclore, n. 7.

No afoxé, quem detém esse tipo de liderança é sempre um homem, o mestre-sala (no desfile, é o grande maestro que conduz o cortejo), dono e presidente da organização. E a personalidade--exemplo é Pocidônio João da Cruz, do afoxé Africanos em Pândega. Os personagens reais não mais existem nos atuais afoxés, permanecendo, por motivos óbvios, nos maracatus.

A presença de um totem

O totem corresponde a uma divindade dotada de atributos mágicos. Nesse caso, trata-se de uma boneca ou de um boneco de madeira preta que traz em seu interior um conjunto de objetos portadores de axé: a calunga, do maracatu, e o babalotim, do afoxé, são esses totens. A primeira só pode ser conduzida por uma mulher (a dama do paço), e o segundo, somente por uma criança do sexo masculino. Ambos abrem o cortejo, vindo logo atrás do porta--estandarte. Enquanto a calunga permanece, o babalotim deixou de participar dos cortejos.

A presença do porta-estandarte

Em ambos os casos, o porta-estandarte é rigorosamente escolhido na comunidade religiosa, uma vez que é grande a responsabilidade de conduzir o pavilhão da organização. Interessante observar que, à diferença das escolas de samba cariocas, nos dois casos a condução do símbolo fica a cargo de um homem.

A riqueza marcante da indumentária de ambos os cortejos desapareceu do afoxé e se manteve no maracatu. Vale notar que, enquanto no primeiro o estilo africano é característico, o ocidentalizado marca o segundo. O pequeno número de componentes talvez seja uma das razões da permanência dos trajes luxuosos do maracatu. Os afoxés atuais desfilam com centenas ou milhares de componentes (como o Badauê, no Carnaval de 1979).

Entre os grupos atuais, o Afoxé Filhos de Gandhy e a Nação Leão Coroado destacam-se como os mais tradicionais. Mas é em Salvador que se observa uma dinâmica renovação do "carnaval africano", por parte de toda uma nova geração que afirma sua identidade. E, no caso dos afoxés, o Badauê é um bom exemplo. Outro tipo de afoxé e de maracatu deve ser mencionado: os afoxés de caboclo ou de índio e os maracatus rurais ou de orquestra ou, ainda, de "baque solto" (instrumentos de sopro além dos de percussão). Os primeiros, provenientes dos candomblés de caboclo, seguem os preceitos desses terreiros, apresentando um tipo de indumentária com predominância de cocares e saiotes de pena. Os maracatus rurais apresentam as mesmas características dos de nação, acrescidos de outros elementos que se relacionam à prática de catimbó. Nesse sentido, a presença de dois tipos de personagem marca os desfiles: os "caboclos de lança" ou "caboclos lanceiros africanos", que, segundo consta, brincam "atuados" (em transe); e os "caboclos de pena" ou "tuxauas", reconhecidamente catimbozeiros que, pelo simples fato de vestirem sua curiosíssima indumentária, de imediato ficam "atuados" – daí usarem grandes óculos escuros, supõe-se, para que seus olhos não sejam vistos.

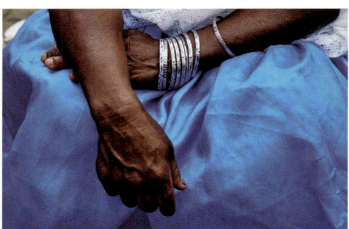

Festa de Iemanjá na praia
de Itapuã, Salvador-BA (1982).
Foto de Walter Firmo.

Ticumbi em Festa
de São Benedito,
Conceição da Barra-ES (s/d).
Foto de Walter Firmo.

Festa de Iemanjá,
Praia Grande-SP (1964).
Foto de Maureen Bisilliat.

Candomblé, Bahia (c. 1954).
Foto de Marcel Gautherot.

Candomblé, Bahia (c. 1954).
Foto de Marcel Gautherot.

Maracatu, Pernambuco (1977).
Foto de Maureen Bisilliat.

Festa de Iemanjá,
Praia Grande-SP (1964).
Foto de Maureen Bisilliat.

Maracatu,
Pernambuco (1977).
Foto de Maureen Bisilliat.

Afoxé de caboclo na Festa de Independência da Bahia, Salvador-BA (c. 1970).
Foto de Maureen Bisilliat.

Maracatu Estrela Brilhante, Recife-PE (1977). **Foto de Maureen Bisilliat.**

Na página anterior
Irmandade da Boa Morte,
Cachoeira-BA (s/d).
Foto de Januário Garcia.

Irmandade da Boa Morte,
Cachoeira-BA (s/d).
Foto de Januário Garcia.

Festa da Boa Morte,
Cachoeira-BA (c. 1990).
Foto de Walter Firmo.

Congada,
Congonhas-MG (s/d).
Foto de Walter Firmo.

Afoxé Filhos de Gandhy,
Salvador-BA (c. 1964).
Foto de Marcel Gautherot.

Na página seguinte
Afoxé Filhos de Gandhy,
Salvador-BA (s/d).
Foto de Januário Garcia.

Na página anterior
Desfile do bloco afro Ilê Aiyê,
Salvador-BA (s/d).
Foto de Januário Garcia.

Olodum, Salvador-BA (s/d).
Foto de Januário Garcia.

Vovô do bloco afro Ilê Aiyê
prestes a soltar as pombas
brancas, Salvador-BA (s/d).
Foto de Januário Garcia.

Desfile do bloco afro Ilê Aiyê,
Salvador-BA (s/d).
Foto de Januário Garcia.

Lavagem do Bonfim,
Cachoeira-BA (1972).
Foto de Maureen Bisilliat.

FESTAS DE IGREJA

A maioria absoluta das festas brasileiras está, indubitavelmente, vinculada à Igreja católica. Muitas delas foram introduzidas em nosso país pelo colonizador porque eram fator importante para a estratégia da catequese e da colonização. Sabemos do papel crucial dos jesuítas nesse processo. Mas, com exceção destes últimos, o catolicismo aqui chegado por vias oficiais sempre se caracterizou por um formalismo autoritário que levava à repetição mecânica de gestos e palavras, a exterioridades que se distanciavam da doutrina cristã.

Mas outro catolicismo foi trazido por anônimos representantes da "arraia-miúda" da metrópole. Carregada de crenças e práticas religiosas cujas raízes mergulham no que Alceu Maynard de Araújo conceitua como "arqueocivilização"[1] (mas que tantos outros, em seu evolucionismo ideológico, definem como superstições, crendices), essa forma de catolicismo foi a que repercutiu e se difundiu em terras brasileiras. Passando por reinterpretações ao receber conteúdos das culturas indígenas e africanas, desembocou em nosso

---

[1] Alceu Maynard Araújo, *Folclore nacional*, cit.

catolicismo popular. Neste, estão ausentes as relações formais e abstratas com uma divindade distante e incompreensível. Vale mais contato concreto e direto, cheio de intimidade, com o santo de devoção – daí as novenas e as promessas, os jogos de sorte, os cantos e as danças; daí, em suma, a festa. Nela se dança para agradecer favores ou pagar promessas; por ela, tarefas comuns do cotidiano (cozinhar, bordar, costurar etc.) assumem caráter especial, quando investidas do sentido de compromisso, de obrigação para com o santo. Enquanto espaço privilegiado de expressão desse modo de articulação com o sagrado, as festas de igreja, sobretudo as de largo, ou de arraial, constituem fator de grande importância para a compreensão do perfil psicológico e cultural de nosso povo.

As popularmente conhecidas festas de largo, ou de arraial, são as festas do padroeiro local ou do orago. Constituem verdadeiros fulcros de expressão das mais variadas manifestações folclóricas por todo o Brasil. Por isso mesmo, Edison Carneiro as caracteriza como "moldura necessária e própria à existência dos folguedos populares"[2], desses folguedos que, afinal, são a espinha dorsal da lúdica popular. Festas oficiais da Igreja podem ou não receber seu patrocínio. Neste último caso, a própria comunidade faz o levantamento do mastro com a bandeira do padroeiro para indicar a festa. Vale assinalar que as atuais festas de caráter geral (Círio de Nazaré, Senhor do Bonfim, Nossa Senhora da Penha etc.) foram inicialmente festas locais que, ultrapassando os limites da comunidade, passaram a atrair romeiros e visitantes de outros lugares do estado ou do país.

As festas móveis diferenciam-se das do orago justamente porque estas últimas têm data fixa. Realizando-se de acordo com o calendário religioso (Divino) ou de maneira arbitrária (São Benedito e Nossa Senhora do Rosário), elas também são importantes momentos de manifestações folclóricas, sobretudo a Festa do Divino. Como sabemos, o Pentecostes é celebrado cinquenta dias depois da Páscoa, em

---

2 Edison Carneiro, *Folguedos tradicionais* (2. ed., Rio de Janeiro, Funarte/INF, 1982 [1974]), p. 16. Coleção Etnografia e Folclore/Clássicos, v. I.

comemoração à descida do Divino Espírito Santo sobre os apóstolos. Entre nós, prevaleceram as designações populares de festa, folia ou bandeira do Divino, o que demonstra sua importância como a mais extensamente disseminada festa móvel do país, manifestando-se do Amapá ao Rio Grande do Sul. Ressalte-se que sua forma atual mais expressiva é de Pirenópolis, Goiás, onde encontramos elementos mais ou menos comuns às festas de outros lugares: alvoradas; novenas, missas e outras funções realizadas dentro da igreja; banda de música, procissões de bandeiras, da coroa e do Divino; coroação do novo imperador; saída de mascarados, que cavalgam pela cidade; apresentação de cavalhadas, com ênfase no jogo de argolinha; apresentação de outros grupos folclóricos (variáveis de acordo com cada região e deslocados de outros ciclos; no caso em questão, temos pastorinhas, congos e moçambiques).

Além disso, destacam-se as tarefas específicas de sustentação da festa: escolha, preparação e levantamento do mastro; preparo da fogueira; responsabilidade pela queima de fogos, pela música, pelo sorteio dos encargos para a festa do ano seguinte, pela comida. Na medida em que a festa de Pirenópolis é uma das mais importantes do país, vale a pena ressaltar que a tradição se conserva na rígida organização de sua folia. Podendo receber outros elementos, o elenco básico dos personagens é constituído pelas seguintes figuras e respectivas atribuições: o rei ou imperador, que leva a coroa; os dois mordomos, que conduzem as lanternas; os seis fidalgos, dos quais um carrega o tambor e os outros, os demais instrumentos quando usados. Ao alferes cabe conduzir a bandeira em que está pintada a pomba, símbolo do Espírito Santo, assim como do culto e da devoção dos foliões. Estes últimos cantam versos tradicionais, benditos e hinos, além de recitarem as orações no percurso da folia pelas ruas da cidade. De todos os figurantes, destaca-se o imperador, representado por um menino ou adulto jovem, cuja família assume, por ele, os encargos e as despesas da festa como pagamento de promessa. Suas funções são exercidas não só no período da festa, mas durante todo o "ato imperial"; seu mandato termina com a passagem das insígnias ao sucessor, que, como ele, será escolhido, eleito ou indicado. É de sua responsabilidade a coordenação geral de tudo o que se refira à festa do ano seguinte, inclusive manter e guardar seus signos (a coroa e o cetro). De sua casa partem cortejos, grupos ou procissões. Cabe-lhe lugar de honra na procissão de domingo, na qual desfila com a imperatriz e a corte, sob um pálio conduzido por quatro jovens vestidas com as cores tradicionais do cortejo do Divino. Na missa, ele ocupa um trono; nas apresentações das cavalhadas, seu lugar é um palanque imperial.

Digna de realce é a festa do Círio de Nazaré, em Belém do Pará, para onde acorrem milhares de devotos procedentes não só da Amazônia, como do resto do país. Na noite do sábado que precede o segundo domingo de outubro, ocorre a imponente procissão de Nossa Senhora de Nazaré com o acompanhamento que lhe é característico: milhares de velas, tochas e círios acesos, conduzidos pelos romeiros e visitantes, num percurso de três quilômetros. Destaca-se, ainda, a presença de muitos carros alegóricos conduzindo anjinhos e oferendas, sobretudo daquele que transporta a imagem da Santa, denominado berlinda, profusamente enfeitado de flores naturais. Promesseiros descalços ou vestidos a caráter constituem grande parte dos acompanhantes. O aspecto profano da festa consiste na presença de tabuleiros de comidas típicas nas barraquinhas do arraial, assim como em árvores com brinquedos coloridos.

A festa do Senhor do Bonfim, que se realiza no mês de janeiro na cidade de Salvador, talvez seja a mais exuberante das festas daquela cidade. Cerca de 1 milhão de pessoas vindas de partes do Brasil e do exterior participam do imenso cortejo que se desloca da Igreja de Nossa Senhora da Conceição da Praia até a colina do Bom Jesus. Blocos afro, afoxés, trios elétricos constituem o elemento propulsor da multidão que, sob o sol escaldante do verão baiano, vai prestar sua homenagem ao padroeiro. À frente do cortejo, destacam-se as baianas trajadas de branco, trazendo à cabeça potes cheios de flores brancas e água sagrada da fonte de Oxalá. Antes do fechamento das portas da igreja, não só as escadarias, mas também a nave central, eram lavadas por essas pessoas. Esse ritual de grande beleza continua a se reproduzir e a reafirmar seu significado.

Outras festas em que a presença de romeiros é significativa são as de Nossa Senhora da Penha, no Rio de Janeiro (outubro); Nossa Senhora Aparecida, em Aparecida do Norte, São Paulo (maio, setembro e dezembro); Senhor dos Navegantes, Salvador (1º de janeiro); Nossa Senhora dos Navegantes, em Porto Alegre (2 de fevereiro). Ainda encontramos no Nordeste, com ou sem o reconhecimento da Igreja, a festa de São José do Ribamar, no Maranhão, e as romarias ao túmulo e à estátua do padre Cícero, em Juazeiro do Norte, Ceará. Ressalte-se que, além do culto que despertam, elas contribuem para a presença de violeiros e repentistas, assim como para o desenvolvimento do artesanato da região.

Reisado, Maceió-AL (c. 1943). Foto de Marcel Gautherot.

FESTAS NATALINAS

O Natal é comemorado em todo o Brasil durante um período convencionalmente denominado as doze noites, por corresponder às janeiras da tradição ibérica, e que se estende da véspera do Natal até o Dia de Reis (Epifania), passando pelos festejos do Ano-Novo. Vale notar que até meados do século IV, o nascimento de Cristo era comemorado em 6 de janeiro; só passou para 25 de dezembro, por determinação papal, em 337.

    Aqui, mais uma vez, constatamos a recuperação, por parte da Igreja, de festejos pagãos impossíveis de serem suprimidos. Na verdade, o dia 25 de dezembro comemorava um duplo nascimento: de um lado, o de Osíris, deus egípcio dos mortos e da vegetação que também morreu e ressuscitou; de outro, o de Mitra (Sol Invictus), o deus solar dos persas. Sabemos quanto esses deuses eram popularmente cultuados na Roma do início da era cristã, dadas as suas vinculações com o solstício de inverno. Desse modo, tornou-se toda uma tradição europeia cristã que, via Portugal, chegou a nós. E aqui, ao contrário do hemisfério Norte, os festejos natalinos coincidem com o solstício de verão. No Brasil, onde pastoris, reisados, folias e cheganças vão constituir as principais manifestações dos folguedos natalinos, constatam-se diferenças regionais: no Norte e no Nordeste, as comemorações se revestem de um caráter mais profano, suntuário, alegre e malicioso; no Centro-Sul, predomina o aspecto religioso explicitado nas folias de reis.

De qualquer maneira, as manifestações folclóricas do ciclo possuem caráter de fato popular em apresentações que, repetimos, muitas vezes não são necessariamente cristãs. Nesse sentido, a especificidade assumida por certos folguedos fez com que alguns deles, no todo ou em parte, se deslocassem para o Carnaval. Um exemplo: os pastoris, em alguns locais, tomaram o nome de ternos (aristocráticos) e ranchos (populares). Estes últimos foram se tornando cada vez mais profanos e autônomos, acabando por se deslocar para o Carnaval. No Rio de Janeiro, eles ocuparam grande espaço nos desfiles carnavalescos da cidade, até o momento em que, retomando e reestruturando seu modelo, as escolas de samba se impuseram.

Outro exemplo: o bumba meu boi, geralmente associado aos reisados, em vários lugares estendeu suas apresentações até o Carnaval (Pernambuco, Espírito Santo, Rio de Janeiro, Santa Catarina). Aliás, o próprio reisado, pelo menos no Recife, apresenta-se no tríduo momesco.

Desnecessário dizer que a presença de elementos novos, pertencentes às culturas indígenas e africanas, determinou as recriações dos folguedos natalinos em terras brasileiras, ocasionando sérias recriminações da Igreja que aqui os introduzira. A diversificação desses folguedos é característica do Nordeste, onde podem apresentar diferentes autos ao mesmo tempo.

Pastoris

Compreendendo as populares pastorinhas e os aristocráticos bailes pastoris (praticamente desaparecidos), os pastoris perfazem os autos natalinos em honra do Menino Jesus. Consistem num conjunto de pastores (meninas e meninos) que abre o espetáculo chamando outros personagens para os acompanhar em sua jornada a Belém. Dançando e entoando loas simples, visitam presépios e se apresentam em coretos e tablados. No Nordeste, foram divididos em dois cordões, o azul e o encarnado, que disputam a preferência do público. Como personagem moderadora, Diana veste-se metade de azul, metade de encarnado. O encerramento dos festejos ocorre no Dia de Reis.

Reisados

A área de incidência dos reisados abrange o Nordeste, onde cada grupo apresenta feições próprias. Podem ser um ou vários autos amalgamados, em que os episódios de sustentação são conhecidos como: entremeios (partes representadas), peças (partes cantadas) e embaixadas (partes declamadas). Os personagens destacam-se pela indumentária confeccionada com vidrilhos, lantejoulas, espelhinhos – estes últimos detêm o poder mágico de fazer retornar os maus desejos a quem os enviou. Rei, rainha, secretário, guias e contraguias, mestre e contramestre, mateus, palhaço, lira, embaixadores etc. demonstram a diversidade de personagens.

É muito forte a vinculação dessa festa com o auto dos congos e o bumba meu boi (inclusive com a morte e a ressurreição do boi). A coreografia é simples e depende da imaginação dos participantes, que dançam em casas, mercados, praças etc. Em Alagoas, o auto do quilombo apresentava-se como entremeio. A partir dos anos 1930, nesse mesmo estado, surgiu uma versão mais rica e desenvolvida dos reisados, que acabaram superados: trata-se dos guerreiros, reisado moderno com maior número de figurantes e episódios. Segundo Arthur Ramos, seus elementos formadores procedem dos congos e caboclinhos, autos europeus peninsulares (cristãos *versus* mouros), pastoris e festas totêmicas de origem africana e ameríndia, com o bumba meu boi como elemento temático dominante[1]. Influências recentes dos terreiros de Xangô e do folguedo das baianas.

Folia de reis

Especialmente inspirada em textos bíblicos, a folia de reis predomina no Sudeste, no Centro e no Sul do país. Baseada no Novo Testamento, narra o advento do Messias. Sua peregrinação noturna, pedindo óbolos, reproduz idealmente a viagem dos magos a Belém. São doze ou mais participantes, músicos e cantores, conduzidos pelo mestre (responsável e financiador da folia). Ao conjunto, acrescentam-se os palhaços (de um a três), sempre mascarados e que, para uns, são os soldados de Herodes e, para outros, representantes de satanás. A eles é proibido entrar nas casas onde estão os presépios a ser visitados; permanecem do lado de fora, recitando chulas, disputando moedas, com atividade e marcação muito precisas. Nunca podem dançar diante da bandeira, símbolo da folia.

Os participantes, à exceção dos palhaços, trajam uma espécie de uniforme militar e se fazem acompanhar por violão, cavaquinho, sanfona, pandeiro, bumbo e caixa. As toadas (em que se sobressai a voz de falsete) lembram cantos primitivos do catolicismo popular ibérico.

A folia vai de casa em casa cumprimentando os amigos, cantando e tocando, e recebendo hospitalidade. Feita em geral para pagar promessa, ela exige de seus componentes o compromisso solene de seguir o grupo durante sete anos. Após esse período, cada folião é considerado mestre ou, então, se vê dispensado da obrigação. Mulheres e crianças participam ocasionalmente.

---

[1] Arthur Ramos, *O folclore negro do Brasil*, cit., p. 105.

Fandangos e chegranças

Por fim, fandangos e chegranças são autos de tema náutico que, no entanto, apresentam diferenças. Ambos possuem componentes que trajam fardas de marujo e que dançam em tablados em forma de navio; ou, ainda, conduzem miniaturas de veleiros, quando se apresentam em palanques. Ambos incluem versões da nau *Catarineta*. O fandango é essencialmente rapsódico e popular (procedendo dos vilancicos peninsulares, como os pastoris), com suas cantigas tematizando o ciclo das navegações.

Na página anterior
Procissão de São Sebastião,
padroeiro do Morro do Salgueiro,
Rio de Janeiro-RJ (c. 1982).
Foto de Januário Garcia.

Romeiros seguram
a corda no Círio de Nazaré,
Belém-PA (1982).
Foto de Leila Jinkings.

Na página anterior
Caixeiras da Festa
do Divino, com suas
guias-rituais no pescoço,
Alcântara-MA (c. 1980).
Foto de Walter Firmo.

Guerreiro
(c. 1943), Maceió-AL.
Foto de Marcel Gautherot.

Guerreiro,
Maceió-AL (c. 1956).
Foto de Marcel Gautherot.

Apresentação de guerreiro,
Maceió-AL (c. 1943).
Foto de Marcel Gautherot.

Apresentação de guerreiro,
Maceió-AL (c. 1943).
Foto de Marcel Gautherot.

Guerreiro,
Maceió-AL (c. 1943).
Foto de Marcel Gautherot.

Apresentação de guerreiro, Maceió-AL (c. 1943).
Foto de Marcel Gautherot.

Guerreiro,
Maceió-AL (c. 1990).
Foto de Walter Firmo.

Palhaço da Folia de Reis (s/d).
Foto de Walter Firmo.

Apresentação de folia de reis na Cinelândia, Rio de Janeiro-RJ (1988).
Foto de Januário Garcia.

Apresentação de folia de reis na Cinelândia, Rio de Janeiro-RJ (1988).
Foto de Januário Garcia.

Quilombo,
Maceió-AL (c. 1943).
Foto de Marcel Gautherot.

Quilombo,
Maceió-AL (c. 1943).
Foto de Marcel Gautherot.

Quilombo,
Maceió-AL (c. 1943).
Foto de Marcel Gautherot.

Quilombo,
Maceió-AL (c. 1943).
Foto de Marcel Gautherot.

Carnaval, Salvador-BA (c. 1964). **Foto de Marcel Gautherot.**

POSFÁCIO
BRINCANDO E CANTANDO COM LÉLIA

Leda Maria Martins

Lélia Gonzalez sempre nos surpreende. Seus textos ensaísticos são inspiradores para a compreensão da sociedade e da cultura brasileiras, com análises primorosas sobre o sistema e a estrutura do racismo no tecido social brasileiro, sobre os lastros das culturas negro-africanas na formação cultural do país, inclusive na constituição da língua portuguesa. Sem mencionar as questões sobre a mulher, principalmente a negra, e sobre o feminismo, entre vários outros aportes para reflexões sobre o Brasil.

Em *Festas populares no Brasil*, único livro de autoria inteiramente de Lélia lançado em vida, outro traço de sua erudição se revela: trata-se de um estudo fecundo sobre festas brasileiras, no qual ela arrola práticas performáticas rituais, religiosas e seculares, tecendo e compondo um vistoso cenário das celebrações. Os preciosos verbetes incluem a Quaresma, as festas vinculadas à Semana Santa e aos autos natalinos, festas do Divino, bumba meu boi, cavalhadas, maracatus e afoxés, folia de reis, reisados, congos e outras, todas elas, de muitas e diversas maneiras, vinculadas ao sagrado, em diferentes matizes.

O texto prima pelo detalhe de informações das práticas abordadas, esmiuçando elementos significativos, históricos, processuais, descritivos e analíticos. Também oferece ao leitor, e a pesquisadores em geral, uma ampla gama de conhecimentos fundamentais para reflexões sobre o extenso, rico e dinâmico espectro da inventividade, da criação e da transcriação dos cruzamentos que desenham a cultura brasileira: europeus, africanos e indígenas. Destacam-se aí os engenhosos processos que permitiram a sobrevivência dessas matrizes entre nós, apesar da perseguição sistemática a elas no sistema de escravidão e de colonização europeus. Como expõe a autora:

> A intervenção de formas procedentes de outros modelos culturais – africanos e indígenas – torna-se crucial para a compreensão da dinâmica das festas populares brasileiras. E isso sem esquecer aquelas originárias do velho paganismo (não apenas greco-romano), que também se fazem presentes. O que queremos dizer é que, na verdade, a dinâmica cultural é a grande responsável pelo estilhaçamento de classificações impostas de cima para baixo; essa dinâmica que tem por sujeito os anônimos representantes das chamadas classes populares. Portanto, se o espaço da festa é eurocatólico, sua manifestação é muito mais ampla, muito mais abrangente. E é isso que nos ensinam pastoris, congadas, bumba meu boi, afoxés, malhação do Judas, caboclinhos, folias, bloco de sujo, fogueiras e balões, maracatus e tantas outras manifestações. Muitas vezes, o olhar do estudioso, educado segundo as normas de sistemas ideológicos, acaba por aprisionar, por reduzir a compreensão da riqueza cultural de tais manifestações. Sem falar do preconceito explícito, óbvio, de certas análises marcadas pelo etnocentrismo. Não é casual, aliás, o significado atribuído ao termo "folclorização" de nossas manifestações folclóricas populares.[1]

Encanta-me sua preocupação em distinguir várias formas da mesma prática, como faz, por exemplo, com o bumba meu boi e o

---

1 Ver p. 46 deste volume.

Carnaval. Isso indica não apenas as variações, mas modos distintivos de elaboração dessas performances e de sua adaptação nas diversas espacialidades geográficas em que se manifestam:

> Mas o essencial é que os procedimentos dinâmicos da reinterpretação cultural adaptaram o folguedo ao universo simbólico do povo brasileiro, recriando-o a partir de seus diversos componentes culturais. É nesse sentido que podemos afirmar ser o bumba meu boi um auto popular afro-luso-americano com presença manifesta na extensão territorial do país e, em consequência, na diversidade de termos que o designam: do boi-bumbá, boi-surubi, boi-calemba, boi de reis e tantos outros no Norte e no Nordeste ao boi de mamão de Santa Catarina e ao boizinho do Rio Grande do Sul.

As descrições são igualmente preciosas: citam indumentárias, figurinos e adereços, os quais compõem uma estética negra que prima pelo arranjo dos tecidos, pela vestimenta pelicular, pelas corporeidades significantes nos folguedos, pela luminosidade e pelo brilho, pela memória manifesta nesses aportes culturais fundamentais na formação mesma da sociedade brasileira, seus atravessamentos, suas interações e sua resiliência. Afirma Lélia:

> Todavia, o aspecto mais atraente do folguedo está na indumentária dos brincantes e no próprio boi, cujos couros constituem um capítulo à parte: lavrados em veludo negro com miçangas, canutilhos, lantejoulas e pedrarias, são verdadeiros mosaicos em que cenas religiosas ou profanas aparecem representadas numa exuberante combinação de cores de grande efeito decorativo. O boi que se preza deve possuir dois couros, no mínimo. Quanto a chapéus e peitorais ostentados pelos vaqueiros, constituem peças especiais suntuosamente decoradas com vidrilhos e contas. Os trajes, por sua vez, exigem centenas de metros de fitas coloridas e de cetim. Em certos grupos, os cocares dos tapuias, que são confeccionados com penas de ema pintadas, chegam a pesar entre oito e dez quilos. Ressaltem-se também, em alguns

conjuntos, as extraordinárias máscaras exibidas pelos cazumbas, produzidas artesanalmente com todo tipo de material.[2]

Em determinado trecho, Lélia, apoiando-se em Edison Carneiro, complementa que,

> nesse contexto, as mudanças históricas ocorridas ao longo do século XIX também se fizeram sentir no interior da comunidade afronegra, provocando efeitos significativos. Em primeiro lugar, e apesar da repressão policial, o aparecimento das comunidades-terreiro dos nagôs e, posteriormente, dos cultos bantos, deixando progressivamente a clandestinidade, acabam por assumir um espaço público e autônomo. Por sua vez, as confrarias negras entram em crise e num consequente processo de esvaziamento que se reflete nas festas por elas patrocinadas.
>
> A articulação dinâmica entre esses dois fatos determinou um deslocamento das festas negras. As de religião africana, acontecendo num espaço próprio, abrem-se para um público cada vez maior, como se pode atestar, hoje, nas celebrações do 2 de fevereiro (Oxum e Iemanjá), do feijão de Ogum, da fogueira de Airá (Xangô), do alujá de Obaluaiê, dos Ibejis, de Iansã, da passagem de ano (Iemanjá) e tantas outras. Quanto àquelas que se davam sob a égide da religião católica, via irmandades, tornam-se profanas e, sem perder a ritualidade africana, deslocam-se para o Carnaval. No caso da congada, segundo Edison Carneiro, os cortejos reais transfiguram-se em maracatus e afoxés.[3]

Vale uma pequena observação. Os terreiros bantos antecedem a instalação dos terreiros nagôs. Os bantos são trazidos para o Brasil desde o século XVI, já a chegada dos nagôs é bem posterior. Edison Carneiro também comete um lapso quando afirma que "os cortejos reais transfiguram-se em maracatus e afoxés". Faltou incluir aí os reinados, derivados da coroação de reis negros, de seus cortejos e cosmopercepções.

---

2 Ver p. 80 deste volume.
3 Ver p. 102 deste volume.

Senhora de um olhar etnográfico arguto, de vigor e rigor investigativos, e de uma extraordinária erudição, fundantes de seu exímio domínio sobre uma ampla cartografia de saberes, de certo, com sua inteligência arguta, agudez e perfil de investigadora incansável, Lélia ampliaria sua listagem e as informações, tendo em vista o panorama extenso da geografia cultural brasileira. Penso em reinados, catopés, encomendação das almas, festa de Santa Cruz, dança de São Gonçalo, nego-fugido, cavalo-marinho, joão do mato, rituais de capina, cucumbis, jongo, coco, tambor de crioula, tambor de mina, festejos de Parintins – estes últimos de grande magnitude, como também é o Carnaval. Eis a pluralidade e a variedade que coreografam o tecido cultural e celebratório brasileiro, em sua diversidade, de difícil catalogação.

O que Lélia nos apresenta é de uma riqueza extraordinária, fonte preciosa e minuciosa para pesquisas e para o conhecimento do próprio Brasil. Lélia Gonzalez, senhora de muitos talentos, nossas loas e reconhecimento, imantados de profunda admiração e de respeito.

Em homenagem à própria Lélia, mestra de todos nós, peço licença para elencar algumas dessas inúmeras celebrações, sem ambição de completar o exímio estudo apresentado neste livro, mas pretendendo agregar e compartilhar.

Reinados

Os festejos de reinado[4], genericamente conhecidos como congados, derivam, assim como os afoxés e os maracatus, das antigas coroações de reis negros no período colonial. Seus festejos são elaborados e desenvolvidos por ritos e cerimônias devocionais em homenagem a Nossa Senhora do Rosário, São Benedito, Santa Efigênia, Nossa Senhora das Mercês, além de outros santos relacionados aos negros. De matriz banto, disseminam-se principalmente por todas as Minas

---

[4] Para um estudo mais detalhado sobre reinados, ver Leda Maria Martins, *Afrografias da memória, o reinado do rosário no Jatobá* (São Paulo/Belo Horizonte, Perspectiva/Mazza, 2021 [1997]).

Gerais, mas também por outros estados, como Goiás, Mato Grosso, São Paulo, Espírito Santo e Rio Grande do Sul. Fruto de complexa organização, instituem um reino sagrado composto de uma estrutura organizacional multifacetada e realizam inúmeras celebrações.

Como organização social e devocional, o reinado institui um espaço sacralizado – seja a casa de um rei, seja uma pequena capela, seja um terreiro – constituído por um império sagrado, uma corte de reis e rainhas vitalícios, guarda-coroas e outros tantos componentes com funções específicas. Os reinados são também constituídos por grupos específicos de cantos e danças, realizando práticas devocionais nas quais se cruzam saberes religiosos banto-africanos e cristãos.

Sua prática litúrgica obedece a um calendário próprio, ao longo de todo o ano, com diferentes ritos comunitários e festividades, celebrando, africamente, a ancestralidade e os antepassados da memória negro-africana, os santos católicos, em especial Nossa Senhora do Rosário, sob a batuta rítmica dos tambores sagrados que imantam a celebração do Rosário negro. Nos festejos, as memórias de África e das travessias diaspóricas e suas reconfigurações em território brasileiro são performadas e culturalmente traduzidas e recriadas com objetos sagrados, como coroas, bastões, instrumentos, vestimentas, portadores de outra gnose – no caso, oriundos, principalmente, das matrizes banto.

Os reinadeiros (às vezes denominados genericamente "congadeiros") trazem como signo de identificação, além do terço no pescoço, o rosário de contas negras cruzado no peito. Durante as celebrações, os reis e as rainhas são os líderes máximos do cerimonial, numa estrutura de poder embasada em funções hierárquicas muito bem estabelecidas. Essa recriação dos vestígios e das reminiscências de uma ancestral organização social nos remete ao papel e à função do poder real nas sociedades africanas transplantadas para as Américas, nas quais os reis, em sua suprema autoridade, representavam os elos e a mediação entre a comunidade, os ancestrais e as divindades.

Os estandartes dos grupos, os mastros, o cruzeiro no adro das capelas e das igrejas do Rosário, os candombes (os três tambores sagrados), o rosário, as coroas e os paramentos, entre outros, são elementos sagrados no código ritual litúrgico, investidos da força e da energia que asseguram o cumprimento dos ritos – em Moçambique, o bastão é o símbolo maior de comando dos principais mestres e, no Congo, o tamboril e/ou a espada cumprem essa função.

Na narrativa mitopoética, nos cantares, em gestos, danças e em todas as derivações litúrgicas do cerimonial do reinado, partícipes celebram a santa católica e, com ela, Zâmbi, o supremo Deus banto, os antepassados, os inquices (espíritos que habitam a natureza) e os objetos sagrados. Esse entrelaçamento traduz a sofisticada *gnosis* banto-africana, resultado de uma filosofia telúrica que reconhece na natureza certa medida do humano, como expressão de uma complementaridade cósmica necessária, que não elide o sopro divino e a matéria, em todas as formas e todos os elementos da *physis* cósmica. O corpo movido pelo pulso dos tambores e pela cinesia do ritmo e da música performa e reinstala esses saberes cotidianamente, expandindo-se como *corpus* cultural.

Os reinados estabelecem uma estrutura sócio-organizacional que lembra certas estruturas do antigo Reino do Congo e de Matamba (atual Angola): certos meios de deslocamento essenciais, como os cortejos, as embaixadas e as festividades públicas (totalmente inclusivos), um forte sentido de pertencimento no âmbito do coletivo e do sagrado, um alçamento da festa como júbilo, louvação e celebração da divindade e dos ancestrais. É uma festa constituída pela variedade rítmica de tambores, cantos, danças e banquetes e, principalmente, por uma experiência de pertencimento e de reconhecimento que reforça os vínculos de coletividade e de parentesco simbólico.

Nos rituais dos reinados, a memória da escravidão e sua superação recontam, em enunciação própria, a história dos negros no Brasil, assim como retecem os modos de celebração do sagrado, em suas diferentes roupagens. Todos os atos rituais emergem de uma narrativa de origem, que trata da retirada da imagem de Nossa Senhora do Rosário das Águas. Durante as celebrações, esse mito fundador é aludido em cortejos, falas, cantos, danças e fabulações, em meio a um enredo multifacetado em cujo desenvolvimento o místico e o mítico interagem com temas e narrativas que recriam as travessias do negro africano e de seus descendentes brasileiros. Os protagonistas do evento são muitos, dependendo da região e das comunidades. As festividades rituais apresentam uma complexa estrutura, incluindo novenas, levantamento de mastros, cortejos, danças dramáticas, banquetes, embaixadas, cumprimento de promessas, sob a batuta de reis, rainhas e mestres do sagrado. Em Minas Gerais, a diversidade de guardas (grupos)[5] engloba, entre outros, congos, moçambiques, marujos, catopés, vilões e caboclos.

Entre esses, destacam-se dois grupos: o congo e o moçambique, que agenciaram a retirada da santa das águas. O figurino dos congos são saiotes de cores vibrantes sobrepostos à vestimenta de cor branca. Além dos saiotes, capacetes ornamentados por flores, espelhos e fitas coloridas. Movimentam-se em duas alas, no meio das quais postam-se os mestres, os solistas, e performam coreografias de movimentos rápidos e saltitantes, às vezes de encenação bélica e ritmo acelerado. O grupo de congos representa a vanguarda, os que iniciam os cortejos e abrem os caminhos, rompendo, com espadas e/ou longos bastões coloridos, os obstáculos. Seus instrumentos principais são as caixas (tambores) de percussão, o reco-reco, a sanfona e o pandeiro. Em algumas localidades, utiliza-se a viola.

Já o grupo denominado moçambique recobre-se, em geral, de saiotes azuis, brancos ou rosa sobre a roupa toda branca, turbante na cabeça e gungas (guizos) nos tornozelos. Eles utilizam tambores maiores, de sons mais surdos e graves. Dançam agrupados, sem nenhuma coreografia de passo marcado. Seu movimento é lento, e seus tambores ecoam um ritmo vibrante e sincopado. Os pés dos moçambiqueiros nunca se afastam muito da terra, e sua dança, que vibra por todo o corpo, exprime-se, acentuadamente, nos ombros meio curvados, no torso e nos pés. O grupo é o guardião das majestades, representando o poder espiritual maior e a força telúrica dos antepassados, que emanam dos tambores sagrados

---

5 No léxico próprio dos congadeiros, o termo "guarda" – ou "terno", ou "banda" – designa um grupo específico de dançantes com vestes, funções litúrgicas e características próprias.

e guiam o rito comunitário. Seus cantares acentuam, na enunciação lírica e rítmica, a pulsação lenta de seus movimentos e os mistérios do sagrado. Seus instrumentos principais são três grandes tambores, ou caixas, o patangome, o xique-xique e as gungas.

Em várias localidades em Minas Gerais, a indumentária é variada, com cores quentes, vivas e vibrantes, em arranjos cromáticos significativos, de uma luminosidade esfuziante. Cada grupo, nos reinados, realiza movimentos dançantes que também o identificam. Assim como em várias práticas bailarinas negras, principalmente as manifestações rituais, o primeiro movimento do corpo é anti-horário. O corpo curvado realiza um voleio para trás, seguido de um giro para frente, um modo de conexão primeiro com os ancestrais, que são acionados constantemente nesse duplo movimento, interligando passado, presente e futuro nas espirais do tempo.

No reinado, era comum no passado, com certa permanência no presente, falar e cantar em línguas de nego, línguas do segredo, línguas africanas que sobrevivem como línguas rituais, mas também como forma de comunicação entre os negros. Na tapeçaria dos cantares, diversificados melódica e ritmicamente, a história negra é narrada por uma polifonia rica e variada, pela qual se exercitam diversos modos de contar e modos de elocução da voz em ritmos, texturas e enunciações variadas. Os fraseados são compostos de palavras, solfejos, versificações métricas, realizações fônicas sofisticadas, em variados timbres e texturas de exploração da rítmica sonora, compondo uma territorialidade cantante e dançante.

Tambor de crioula

Tambor de crioula é uma das mais vibrantes práticas performáticas afro-brasileiras. Fundada pelos negros escravizados, é de enorme disseminação no Maranhão, mas também em outras regiões do Norte e do Nordeste. Suas danças, em giras circulares, são regidas pelos tambores, polirritmias em homenagem a São Benedito, seu santo padroeiro, ou em comemoração a outros eventos familiares ou da comunidade, aniversários, batizados e outras datas significativas. É também conhecida como punga ou umbigada. A dança é realizada por mulheres descalças, em trajes de saia e anágua rodadas, vistosas, tecidos de chita estampados, com adereços, em uma coreografia de passinhos delicados e bastantes voltejos. Nela se inclui a umbigada, na qual os ventres das dançarinas se tocam e os braços permanecem abertos em uma saudação e também em um convite para bailar. Além dos cantares religiosos, há sátiras, gozações, troças e desafios variados. São diversas as especificidades regionais. Sergio Ferretti acentua que

> o tambor de crioula não possui formas fixas de apresentação, com dança livre e informal sem coreografia rígida. Geralmente mulheres dançam, e homens tocam e cantam. O grupo de brincantes é composto de um número variado de coreiras, mulheres adultas, muito idosas, às vezes, algumas crianças. [...] Ao lado das mulheres, um grupo de homens coreiros canta e toca tambores. O conjunto de instrumentos é chamado parelha e consta de três tambores: grande, meião e crivador. O tambor grande é amarrado à cintura e inclinado entre as pernas do coreiro. O meião e o crivador são deitados com a extremidade da frente apoiada em um pequeno tronco e com os tocadores sentados sobre eles.[6]

Em geral, os tambores são feitos de couro e recebem denominações diferentes em outras regiões. Celebração, comemoração e júbilo são signos dessa festividade, que prima pela alegria e pelo sentido de pertencimento identitário.

---

[6] Sergio Ferretti, "Revisitando o tambor de crioula", em Gabriel Jaregui e Micaela Vermelho, *Tambor de crioula* (São Luís, Crioula/Nau, 2009).

Jongo

Para muitos pesquisadores, o jongo é um dos ancestrais do samba. De origem banto, foi criado pelos negros escravizados que labutavam nas fazendas de café e de cana-de-açúcar e, posteriormente, se implantou e se firmou também em morros e favelas. É conhecido como caxambu, corimá e tambu ou tambor – ou, ainda, batuque. Iniciado em volta de uma fogueira, a preta mais velha puxa a cerimônia, saudando os três tambores e os ancestrais. Puxa o primeiro canto, respondido pelo grupo, e inicia a dança. O canto, responsorial, institui uma linguagem do segredo, entremeado de palavras e expressões em línguas africanas como o quimbundo, constituindo um palavreado cifrado, um modo de comunicação entre os próprios negros escravizados. Pelos cantares, os jongos satirizavam os senhores das fazendas, passavam recados, notícias, desafios, protestos e planos de fuga.

Como em muitas práticas negras, no jongo os tambores sagrados são três: o maior, denominado caxambu ou tambu; a puita (ou ingomba-puita); e o menorzinho, o candongueiro. São afinados com fogo e representam os antepassados. Os ritmos vibrantes e os cantos contagiam a dança, que é simultaneamente divertimento e devoção. Batucando, cantando e batendo palmas, os corpos dançantes, descalços, imprimem uma rítmica vibrante e sincopada. Como acontece no tambor de crioula, as coreografias das rodas são espiraladas, as giras são anti-horário e as umbigadas são frequentes. Uma das marcas dos cantos, que também podem ser pontos cantados, é a exímia competência dos cantadores em poeticamente improvisar, qualidade recorrente em muitas performances rituais negras. São frequentes no Rio de Janeiro e em São Paulo, mas estão presentes em Minas Gerais e em outros estados.

Rituais de capina[7]

Vinculam-se "a formas antigas de comportamento solidário, segundo as quais os indivíduos, reunidos em grupo, desempenham funções que garantem a sustentação do sujeito e do grupo. Há, portanto, nesse tipo de comportamento, um sentido de universalidade, já que o homem, em diferentes circunstâncias históricas, diante de diferentes forças da natureza, tece alianças de trabalho e de convivência social. No Brasil, especificamente, as dificuldades relacionadas à vida nas zonas rurais, desde o período colonial, obrigaram diversas comunidades a estabelecer relações de cooperação vicinal. Os esforços dessas comunidades, responsáveis pelo compromisso de apoio mútuo, evidenciaram-se em situações como a limpeza de córregos ou campos de plantio, a capina, a colheita, a construção de pontes ou caminhos através de áreas de difícil acesso". Nos rituais de capina e de colheita, ameaçados pela intrusão da mecanização das lavouras, prevalece o tempo da natureza. "Vale dizer que a função sagrada do rito precede a demanda econômica, isto é, no ritual de capina o devoto é a figura de destaque, sendo que seu desempenho no sagrado é que garantirá a fortuna – o resultado prático [...] no fim da colheita [...]. Em outras palavras, o sucesso da vida decorre da entrega, do ato da fé e do sacrifício do devoto."[8]

Encomendação das almas

"A procissão de encomendação das almas realiza seus trajetos nas sextas-feiras da Quaresma ou no decorrer do mês de novembro, consagrado às almas. Esses cortejos noturnos são organizados

---

[7] Estes últimos verbetes foram retirados de Edimilson de Almeida Pereira e Leda Maria Martins, "Celebrações festivas em Minas Gerais", em Heloísa Maria Murgel Starling, Gringo Cardia, Sandra Regina Goulart Almeida, Bruno Viveiros Martins (orgs.), *Minas Gerais* (Belo Horizonte, Editora UFMG, 2011).

[8] Ibidem, p. 201.

para entoar ladainhas, rogatórias e rezas em favor das almas do purgatório. Nas áreas rurais, a procissão se detém nos vários cruzeiros, que se espalham ao longo das estradas e marcam os locais sagrados para a comunidade: aí, os devotos da encomendação se detêm para suas funções, rezando em voz alta. O grupo, na encomendação, geralmente formado por homens, usa roupas comuns; em alguns casos, há quem coloque um manto ou um cobertor sobre a cabeça. Em algumas localidades, os encomendadores soam a matraca enquanto fazem a peregrinação. E a encomendação é revestida de grande mistério, pois, cortando as noites, impõe respeito aos devotos. Por exemplo, aqueles que estão fora do cortejo são proibidos de contemplá-lo, sob ameaça de receber severa punição em caso de desobediência. Outro preceito determina que as casas situadas no trajeto da encomendação devem permanecer fechadas e com as luzes apagadas."[9]

Dança de São Gonçalo

"A dança de São Gonçalo foi registrada em vários estados brasileiros, entre os quais Maranhão, Piauí, Ceará, Rio Grande do Norte, Pernambuco, Bahia, Minas Gerais, São Paulo, Paraná e Goiás. Em Minas, o ciclo de celebrações em homenagem a São Gonçalo ocorre com maior frequência no norte e no nordeste do estado. Os elementos constitutivos da folia de São Gonçalo são muito semelhantes aos da folia de reis."[10] São Gonçalo é também cultuado como patrono da fertilidade e santo casamenteiro. Seus cantares incluem a improvisação e são acompanhados por viola e rebeca.

Maria Amália Corrêa Giffoni resume a narrativa que fundamenta a dança e a folia de São Gonçalo:

---

[9] Ibidem, p. 192-3.
[10] Ibidem, p. 200.

Conta a tradição que este santo, quando jovem, reunia no porto de Amarantes mulheres alegres e as levava durante a semana a divertimentos que o povo e a família de São Gonçalo classificavam como reprováveis. Depois apurou-se que o seu propósito era extenuá-las com "rodas" que ele marcava e com "folia" que dirigia, levando-as assim a passar o domingo, dia santificado, em repouso, isentas de pecado [...]. São Gonçalo tocava viola e utilizava-se da dança para fins religiosos, daí chamarem-no de "santo folgazão".[11]

Os verbetes de Lélia Gonzalez traduzem a extraordinária competência dessa autora, cujos escritos, ideias e postulações são fundamentais para as reflexões sobre a cultura e a sociedade brasileiras, em vários âmbitos. Seus pensamentos constituem um rico repertório de conhecimentos e são uma fonte epistemológica instigante e inesgotável que nos ilumina e encanta.

---

[11] Maria Amália Correia Giffoni, *Danças folclóricas brasileiras e suas aplicações educativas* (São Paulo/Brasília, Melhoramentos/INL, 1973).

Mãe Menininha do Gantois, Salvador-BA (1972).
Foto de Maureen Bisilliat.

Ala das baianas no desfile das escolas de samba, Rio de Janeiro-RJ (1972). Foto de Januário Garcia.

APÊNDICE

A Escola de Artes Visuais (EAV) do Parque Lage foi a primeira "escola livre" de artes do país, disponibilizando cursos, seminários, exposições, debates, mostras de cinema e shows e integrando, de forma interdisciplinar, arte, cultura e pensamento crítico e dissidente em plena ditadura militar[1]. *Foi nesse ambiente intelectual profícuo que, entre 1976 e 1978, Lélia Gonzalez ofereceu o curso Culturas Negras no Brasil.*

No programa, além da parte teórica, havia exibições artísticas, práticas de capoeira e dança etc. Como Lélia declarou na ocasião[2], *seu objetivo com esse projeto era que as pessoas negras repensassem sua história e sentissem orgulho de sua negritude; que não "tivessem uma visão alienígena sobre seus valores" nem incorporassem acriticamente discursos estrangeiros*[3].

---

1 Esse foi um período inicial da escola, sob direção do artista visual Rubens Gerchmann. Nas gestões seguintes, a instituição voltou-se à formação *strictu sensu* e formou artistas proeminentes no cenário nacional – por exemplo, aqueles que ficaram conhecidos como Geração 80.

2 Tania Pacheco, "A integração através dos valores afro-brasileiros", *O Globo*, 18 ago. 1976, p. 35.

3 Neste momento, vivia-se, no Brasil, a efervescência do nomeado movimento soul, caracterizado por encontros e festas de jovens negros que definiam muito de seu orgulho e sua consciência racial mais pela referência afro-estadunidense. Ver Lélia Gonzalez e Carlos Hasenbalg, *Lugar de negro* (Rio de Janeiro, Marco Zero, 1982), p. 32.

O texto apresentado a seguir foi publicado originalmente na GAM, em edição dedicada à EAV que contava com o balanço de um ano do funcionamento da escola e com artigos escritos pelo corpo docente[4]. Aqui, de forma sucinta, Lélia aborda questões que orientaram não só suas aulas, mas todo o seu pensamento em relação à existência uma teoria negra brasileira hábil em abordar temas como o lugar do negro na cultura nacional e a recusa a uma apreciação parcial e folclórica dessa contribuição, combatendo o recalcamento – isto é, o apagamento – dessa presença. Para isso, ela evidenciou historicamente a capacidade das pessoas negras de resistir à escravidão (insurreições dos hauçás), sua organização social (quilombos) e seus modos existir (manifestações culturais) – sempre atentando ao fato de que diferentes grupos populacionais chegaram da África ao Brasil e, mesmo na condição de escravizados, conseguiram moldar de variadas formas nosso modo de ser.

Ainda durante o primeiro ano de funcionamento, o curso apareceu listado pelo Ministério da Aeronáutica de Geisel como ameaça à ordem imposta[5]; como uma das atividades impulsionada pelo Instituto de Pesquisa da Cultura Negra (IPCN) no intuito de "aparentemente" promover a cultura negra no Brasil, mas, em realidade, instigar o "racismo negro e o socialismo". À sua maneira, a anedota revela algo do caráter subversivo que a ditadura percebia no movimento negro e, em particular, nas ideias de Lélia, que, através de uma abordagem crítica da cultura, desestabilizava os valores nacionais e colocava em xeque o discurso da "democracia racial".

Raquel Barreto

---

4   *Jornal da Galeria de Arte Moderna*, n. 37, mar. 1977.
5   Relatório do Centro de Informações da Aeronáutica (Cisa), BR DFANBSB VAZ.0.0.34984, informe n. 0204/Cisa-RJ: racismo negro no brasil – dossiê, 1976.

A PRESENÇA NEGRA NA CULTURA BRASILEIRA

Lélia Gonzalez

A proposição do curso sobre culturas negras no Brasil realizado no Parque Lage visa a desenvolver um trabalho de reflexão crítica que possibilite a designação do lugar do negro na cultura brasileira. E, ao tentar apontar para tal lugar, ele pretende também trazer sua contribuição no sentido de que o próprio negro se situe e assuma a si e a seus antepassados enquanto presença marcante na nossa realidade cultural.

Apesar das pesquisas efetuadas desde Nina Rodrigues até o presente, o que se verifica é que o resultado de semelhante empreendimento tem permanecido no âmbito restrito dos especialistas. Enquanto isso, em nível de discurso dominante, a contribuição das diferentes falas culturais negras é vista numa perspectiva folclorizante que evidencia o desinteresse em apontar para a nossa realidade cultural. A esse tipo de discurso que, ao elidir desse modo a presença negra na cultura brasileira, visa ao recalcamento dessa presença, denominamos discurso de exclusão. Sua característica essencial consiste em evidenciar o que lhe interessa, em escamotear o que não lhe interessa e fazer-se repetir como verdade clara e distinta. Graças a suas diferentes modalidades reforçam-se os estereótipos a respeito do artista, do louco, da criança ou das culturas por ele designadas como primitivas. Sua eficácia, por conseguinte, se dá no nível do reconhecimento-desconhecimento de dada realidade cultural. Reconhecimento, na medida em que a repetição de suas afirmações é dada com o reflexo dessa realidade; desconhecimento, na medida em que essa repetição escamoteadora exclui, mediante recalcamento, aquilo que não lhe interessa ser visto nessa mesma realidade. Vale notar que o excluído sempre aponta para os limites ou limitações do discurso que o exclui.

As diferentes falas culturais do negro foram elididas, no decorrer de nossa história, por esse tipo de discurso que sempre apontou para os contingentes africanos que aqui chegaram como um a massa anônima primitiva, escravizada de direito, animalizada, coisificada, dotada de um mínimo de capacitação: o trabalho braçal.

A maior parte da população brasileira que passa pelas escolas ainda possui esse tipo de perspectiva, amenizada pela tendência condescendente (que se diz "humanizada") em identificar o negro como infantil, irresponsável, intelectualmente inferior etc. carnaval, futebol e macumba estariam aí para comprovar tais afirmações. E tudo isto proposto sob o halo de um benevolente paternalismo. Desnecessário dizer que o próprio negro brasileiro, socializado a partir dessa perspectiva, só poderia se ver segundo essas "verdades". Que se verifique, por exemplo, o modo como a exclusão se faz presente na abordagem da formação dos quilombos, na questão das insurreições dos hauçás e nagôs na Bahia, na questão da chamada "revolta dos alfaiates". Tais resistências quanto à perda de uma identificação cultural, manifestadas ao nível da luta armada, são reduzidas a meras tentativas de fuga desorganizadas. As diferentes manifestações culturais no âmbito das artes, da religião, das estruturas sociais, das relações de parentesco também são reduzidas a um conjunto de elementos folclóricos e folclorizados.

Todavia, o desenvolvimento teórico de ciências como a antropologia e a história permitiu que uma série de questões fosse colocada a partir de uma reflexão crítica. Até que ponto, o negro resistiu ao processo de aculturação? Até que ponto a violência da escravidão o submeteu? De que maneira os diferentes povos das diferentes culturas africanas se defrontaram com a nova realidade que lhes foi imposta? Qual a significação cultural de Benin, Oió, Ifé, Abeokutá, Congo, Angola, Luanda? De que maneira as diferentes falas culturais conseguiram manter sua identidade e marcar sua contribuição na nova realidade cultural? De que maneira as lutas internas na África repercutiram nas relações estabelecidas a partir da diáspora? Até que ponto o discurso do senhor submeteu e foi submetido pelo do escravo? Até que ponto o retorno do recalcado se fez sentir na cultura brasileira?

Tais questões evidentemente acabam por nos remeter à necessidade de repensar a cultura brasileira, um a vez que as diferentes culturas que contribuíram para sua formação, mediante complexo processo de interinfluências, fizeram dela algo de peculiar, de diferente de cada uma delas.

DOCUMENTOS

Cartazete do curso
"Cultura negra no Brasil", EAV (1976).
Acervo Memória Lage.

Nas três páginas seguintes
Ementa original do curso
"Cultura negra no Brasil", EAV (1976).
Acervo Memória Lage.

governo do estado do rio de janeiro
secretaria de educação e cultura
departamento de cultura
instituto das escolas de arte

escola de artes visuais

A CULTURA NEGRA NO BRASIL

Profa. Lélia de Almeida Gonzalez

1. O problema da unicidade de uma cultura negra.
2. A religião enquanto simbolismo cultural dominante:
   a) Candomblé
   b) Umbanda
3. O negro na literatura
4. Expressividade negra e artes plásticas
5. Samba, carnaval e futebol ou os fardos da cor
6. Contrastes e confrontos

BIBLIOGRAFIA:

BASTIDE, Roger - As religiões africanas no Brasil, 2vol., Biblioteca Pioneira de Ciências Sociais, S.P., 1971

— Estudos afro-brasileiros, Ed. Perspectiva, S.P., 1973

CARNEIRO, Edson - Ladinos e crioulos, Ed. Civilização Brasileira, Rio, 1964

FEUSER, Wilfried - Aspectos da literatura do mundo negro, C.E. Afro-Orientais da U.F. da Bahia, 1969

IANNI, Octávio - As metamorfoses do escravo, Difusão Européia do Livro, S.P., 1962

RABASSA, Gregory - O negro na ficção brasileira, Edições Tempo Brasileiro, Rio, 1965

SANTOS, J.H. - Os nagô e a morte, Ed. Vozes, Petrópolis, 1975

ESCOLA DE ARTES VISUAIS

"CULTURAS NEGRAS NO BRASIL" - Prof. LÉLIA GONZALEZ

1. A idéia de cultura. Cultura e linguagem. Níveis da linguagem.
2. Caracterização das culturas africanas vindas para o Brasil.
3. A questão da identidade em face do novo espaço cultural: resistência e integração.
4. O negro no Brasil moderno. O racismo enquanto discurso de exclusão.
5. Arte-linguagem-psicanálise.
6. Presença negra na cultura brasileira. Religião e folclore. Arte "erudita" e arte "popular".

BIBLIOGRAFIA

BASTIDE, R. - As religiões africanas no Brasil.
            Estudos afro-brasileiros.
CARNEIRO, E. - Candomblés da Bahia.
            Ladinos e crioulos.
CORNEVIN, R. e M. - Histoire de l'Afrique.
CASCUDO, C. - Made in Africa.
DIEGUES, Jr., M. - Etnias e culturas no Brasil.
EHRENZWEIG, A. - A ordem oculta da arte.
FERNANDES, F. - O negro no mundo dos brancos
            Brancos e negros em São Paulo
FREYRE, G. - Casa grande e senzala
            Sobrados e mocambos
FREUD, S. - Totem e tabu
            Mal-estar na civilização
IANNI, O. - Raças e classes sociais no Brasil
LANDES, R. - A cidade das mulheres
HOLANDA, S.B. - Raízes do Brasil
LEVI-STRAUSS, C. - Estruturas elementares do parentesco
            Antropologia estrutural
            Raça e história
LACAN, J. - Écrits
            La télévision

RAMOS, A. - Introdução à antropologia brasileira
O folclore negro no Brasil
MENDONÇA, R. - A influência africana no português do Brasil
RODRIGUES, N. - Os africanos no Brasil
QUERINO, M. - SKIDMORE, T. E. - Preto no branco
SANTOS, J. E. - Os nagô e a morte

Escola de Artes Visuais — ano 1

A presença negra na cultura brasileira

Lélia Gonzalez

Cabaça representando o Céu e a Terra, usada nos templos para oferendas (Nigéria).

Máscara de marfim representando o Rei Benin, da Nigéria.

A proposição do curso sobre culturas negras no Brasil realizado no Parque Lage visa, desenvolver um trabalho de reflexão crítica que possibilite a designação do lugar do negro na cultura brasileira. E ao tentar apontar para tal lugar, ele pretende também trazer a sua contribuição no sentido de que o próprio negro se situe e assuma a si e a seus antepassados enquanto presença marcante na nossa realidade cultural.

Apesar das pesquisas efetuadas desde Nina Rodrigues até o presente, o que se verifica é que o resultado de semelhante empreendimento tem permanecido no âmbito restrito dos especialistas. Enquanto isso, a nível de discurso dominante, a contribuição das diferentes falas culturais negras é vista numa perspectiva folclorizante que evidencia o desinteresse em apontar para a nossa realidade cultural. A esse tipo de discurso que, ao elidir desse modo a presença negra na cultura brasileira, visa o recalcamento dessa presença, denominamos discurso de exclusão. Sua característica essencial consiste em evidenciar o que lhe interessa, em escamotear o que não lhe interessa e fazer-se repetir como verdade clara e distinta. Graças às suas diferentes modalidades reforçam-se os estereótipos a respeito do artista, do louco, da criança ou das culturas por ele designadas como primitivas. Sua eficácia, por conseguinte, se dá no nível do reconhecimento-desconhecimento de uma dada realidade cultural. Reconhecimento, na medida em que a repetição de suas afirmações é dada como reflexo dessa realidade; desconhecimento, na medida em que essa repetição escamoteadora exclui, mediante recalcamento, aquilo que não lhe interessa ser visto nessa mesma realidade. Vale notar que o excluído sempre aponta para os limites ou limitações do discurso que o exclui.

As diferentes falas culturais do negro foram elididas, no decorrer de nossa história, por esse tipo de discurso que sempre apontou para os contingentes africanos que aqui chegaram como uma massa anônima primitiva, escravizada de direito, animalizada, coisificada, dotada de um mínimo de capacitação: o trabalho braçal. A maior parte da população brasileira que passa pelas escolas ainda possui esse tipo de perspectiva, amenizada pela tendência condescendente (que se diz "humanizada") em identificar o negro como infantil, irresponsável, intelectualmente inferior etc; carnaval, futebol e macumba estariam aí para comprovar tais afirmações. E tudo isto proposto sob o halo de um benevolente paternalismo. Desnecessário dizer que o próprio negro brasileiro, socializado a partir dessa perspectiva, só poderia se ver segundo essas "verdades".

Que se verifique, por exemplo, o modo como a exclusão se faz presente na abordagem da formação dos quilombos, na questão das insurreições dos haussás e nagôs na Bahia, na questão da chamada "revolta dos alfaiates". Tais resistências quanto à perda de uma identificação cultural, manifestadas no nível da luta armada, são reduzidas a meras tentativas de fuga desorganizadas. As diferentes manifestações culturais no âmbito das artes, da religião, das estruturas sociais, das relações de parentesco também são reduzidas a um conjunto de elementos folclóricos e folclorizados.

Todavia, o desenvolvimento teórico de ciências como a antropologia e a história permitiu que uma série de questões fossem colocadas a partir de uma reflexão crítica. Até que ponto, o negro resistiu ao processo de aculturação? Até que ponto a violência da escravidão o submeteu? De que maneira os diferentes povos das diferentes culturas africanas se defrontaram com a nova realidade que lhes foi imposta? Qual a significação cultural de Benin, Oió, Ifé, Abeokutá, Congo, Angola, Luanda? De que maneira as diferentes falas culturais conseguiram manter sua identidade e marcar sua contribuição na nova realidade cultural? De que maneira as lutas internas na África repercutiram nas relações estabelecidas a partir da diáspora? Até que ponto o discurso do senhor submeteu e foi submetido pelo escravo? Até que ponto o retorno do recalcado se fez sentir na cultura brasileira?

Tais questões evidentemente acabam por nos remeter à necessidade de repensar a cultura brasileira, uma vez que as diferentes culturas que contribuíram para a sua formação, mediante complexo processo de interinfluências, fizeram dela algo de peculiar, de diferente de cada uma delas.

Publicação original de "A presença negra na cultura brasileira", no *Jornal Mensal de Artes,* Galeria de Arte Moderna, n. 37.

Nas três páginas seguintes
"90 anos da abolição". Folheto temático do G.R.A.N.E.S. Quilombo sobre o samba enredo de 1978. As anotações à caneta são de Lélia Gonzalez, sobre o original de Candeia. A reprodução é cortesia da coleção da família Candeia.

Lélia Gonzalez,
Rio de Janeiro-RJ (s/d).
Foto de Januário Garcia.

GRAN ESCOLA DE SAMBA QUILOMBO
Rua Curipe, 65 - Coelho Neto - Rio de Janeiro

GREMIO RECREATIVO DE ARTE NEGRA
ESCOLA DE SAMBA QUILOMBO

enredo 1978

-------- "Noventa anos de Abolição"

O fim da ESCRAVIDÃO no Brasil ainda é estudado, freqüentemente de maneira paternalista: ele teria sido fruto da generosidade de uma princesa bondosa. Os historiadores e economistas modernos, contudo, acham que as coisas não foram bem assim. Outro lugar comum é o que nos apresenta a influência dos NEGROS principalmente sobre nosso folclore. Também aqui as atuais análises sociológicas e antropológicas estão prontas a corrigir um modo de ser simplista. Na verdade, os N E G R O S influenciaram toda a vida brasileira, de modo muito mais profundo do que se supõe.

Há 89 anos, a Lei Áurea estipulou que o negro é homem livre e a constituição de 1891 garantiu sua igualdade como cidadão. Depois que os últimos ESCRAVOS houverem sido arrancados ao poder sinistro que apresenta para a raça negra a maldição que será ainda preciso desbatar, por meio de uma educação viril e sincera, a lenta estratificação de 300 anos de cativeiro isto é de despotismo, superstição e ignorância. É provável que a PRINCESA Isabel tenha sido influenciada pelo seu marido, o Conde D'Eu que, segundo Eleonora, " sempre se horrorizou com a existência da ESCRAVATURA no Brasil". No entanto, na família imperial, a atitude era geral de "muita cautela" mesmo diante da crescente onda ABOLICIONISTA dos anos 80. Dom Pedro II favoreceu as medidas de libertação gradual dos ESCRAVOS; era a maneira que via de preservar a economia brasileira, já então baseado no café, de sofrer um abalo muito grande. " Começa então a debandada nos meios ESCRAVOCRATAS alarmados com as perspectivas de um desenlace trágico cuja aproximação tudo indicava.

GRAN ESCOLA DE SAMBA QUILOMBO
Rua Curipe, 65 - Coelho Neto - Rio de Janeiro

"Noventa de Abolição"

Os seus setores mais previdentes compreendem que a resistência tornara-se inútil e consistir nela seria apenas levar a questão para o terreno da violência declarada e aberta. Quase 800 mil ESCRAVO, numa população total que não ultrapassava 14 milhões, eram uma ameaça tremenda; ainda mais que eles se concetravam, em maioria, nos agrupamentos numeros das fazendas e grandes propriedades no interior desprovidas de qualquer defesa eficaz". Lembrando quem maio de 1888 só existiam 700 mil ESCRAVOS, correspondendo a cinco por cento da população total, indica a necessidade premente de se reescrever a história do NEGRO no Brasil. Foi através dos QUILOMBO, e não do movimento ABOLIONISTA que se desenvolveu a luta dos NEGROS contra a Escravatura.

Vimos que NEGROS resistentes à ESCRAVATURA encontravam-se até dentro da capital do país e não apenas em regiões afastadas e agrícolas Basta consultar o censo de 1890 que dá quinze por cento da população. Cabe portanto perguntar: onde estava a maioria dos NEGROS em 1888? nos QUILOMBOS, é claro e já livres por si mesmos. A Lei Áurea apenas reconheceu uma situação de fato. No fundo bem menos redentora do que imagina a maioria dos brasileiros essa lei não teve a indispensável continuidade de promover a integração do NEGRO dentro da sociedade. No entanto essa participação se extende até o período da industrialização, a toda tecnologia empregada no Brasil. Mesmo certas formas culturais de matriz européia como arquitetura e música barroca era empunhadas por NEGROS e mulatos como Aleijadinho e o padre José Maurício. Mas é preciso recordar também que esses nomes que destacamos acabam sendo citados como outros ZUMBIS, isto é, mais como figuras de isolamento do que de próa do fenômeno. Esquece-se ou deixa-se de falar que NEGROS e mulatos eram quase todos os nossos arquitetos, músicos, escultores e pintores do período colonial.

GRAN ESCOLA DE SAMBA QUILOMBO
Rua Curipe, 65 - Coelho Neto - Rio de Janeiro

"Noventa Anos de Abolição"

enredo.. 3

Diferentes culturas contribuiram para a formação da cultura brasileira, numa dinâmica de interferencias colocam-se nesse processo as culturas ameríndia, européia e negra, cada uma com suas características e variáveis. Pouco a pouco, o brasileiro acorda para essa realidade e é, em especial, despertado pelos elementos da cultura negra que lhe batem às portas no seu dia-a-dia. As influencias dessa cultura marcaram todo brasileiro desde as manifestações artísticas as expressões a nível de língua. A CULTURA NEGRA tem vários aspectos: nos adornos, o uso de pulseiras de prata, fios de contas; na língua o emprego de palavras como "barafunda", QUIZUMBA" e expressões com o nome de divindades como "Oxalá queira que.."; que resultaram em um sotaque, uma forma de articulação das palavras e modo de falar o portugues muito próprios.

Eventualmente essa forma de comunicação aparece também em formas miúdas que surgem em todo o território brasileiro. Desde todo o litoral, onde a cultura NEGRA é sobretudo urbana, a sua significação está presente na instituição do afoxé da Bahia, o maracatú em Pernambuco, no Rio de Janeiro a ESCOLA DE SAMBA, em geral ligadas a datas do calendário anual. Como outras formas de manifestações desligadas de datas determinadas, mais expontaneas e mais livres, temos o samba de roda, com variações como o caxambu, o jongo que por sua vez deram origem a outras formas com o samba de roda - que está diretamente ligado a dança; Mas à música - o partido alto, que se desligou do terreiro e adaptou-se ao urbano, acabando por desembocar na criação do samba enredo que vai ser dramatizado formando uma espécie de "TEATRO NEGRO", a Escola de Samba.

Lélia Gonzalez
e Mãe Hilda do Ilê Aiyê,
Serra da Barriga-AL (1983).
Foto de Januário Garcia.

Ala das baianas no desfile das escolas de samba, Rio de Janeiro-RJ (1972). **Foto de Januário Garcia.**

Desfile das escolas de samba, Rio de Janeiro-RJ (c. 1977). Foto de Januário Garcia.

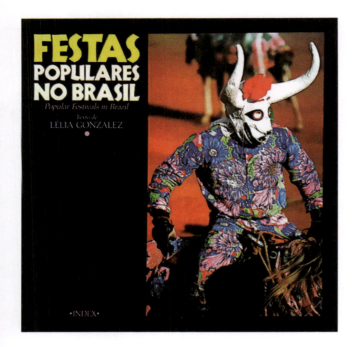

Capa de *Festas populares no Brasil* (Index, 1987).

Décadas depois da primeira edição e sem nunca ter circulado para o público leitor, este livro é lançado em junho de 2024, trinta anos após a morte de Lélia Gonzalez e junto com a exposição *Lélia em nós: festas populares e amefricanidade*, no Sesc Vila Mariana. Composto em Afrounat e Utopia, corpo 10,5 ptos, e impresso em papel offset 120 g/m² pela gráfica Santa Marta, para a Boitempo, com tiragem de 6 mil exemplares (4 mil em brochura e 2 mil em capa dura).